Karl-Heinz Hapke

Von der Ostsee zu den Alpen

Impressum

Bibliografische Information der Deutschen
Nationalbibliothek:
Die Deutsche Nationalbibliothek verzeichnet diese
Publikation in der Deutschen Nationalbibliografie;
detaillierte bibliografische Daten sind im Internet über
http://dnb.dnb.de abrufbar.

© 2020 Karl-Heinz Hapke

Herstellung und Verlag: BoD – Books on Demand,
Norderstedt

ISBN: 978-3-7519-0109-3

Karl-Heinz Hapke

Von der Ostsee zu den Alpen

Aus dem Tagebuch einer Fahrradreise

Besuche einmal im Jahr einen Ort,
den du noch nicht kennst.

Dalai-Lama, eigentlich Tendzin Gyatsho, tibetischer Mönch

Inhalt

Eine Idee wird geboren

Wir wollten in die Sonne fliegen. Schon beim Kofferpacken hatte ich eine Vorahnung, dass wir irgendetwas vergessen würden. Auf dem Weg zum Airport fiel mir ein, dass ich meine Urlaubslektüre nicht eingepackt hatte. Sie lag zuhause griffbereit auf meinem Schreibtisch. Dieses Missgeschick ließ sich jetzt nicht mehr korrigieren. Eine Umkehr hätte zu viel Zeitverlust bedeutet. Zum Glück gibt es den Büchershop am Flughafen. Ihn wollte ich nach dem Einchecken aufsuchen, um meinen Lesestoff zu ergänzen.

Als ich den Buchladen betrat, fiel mein erster Blick auf einen Tisch im Eingangsbereich. Dort lagen die Bestseller. Ein Buch mit dem Titel „Ich bin dann mal weg" dominierte die Auslage. Ich musste lachen, weil dieser Titel zu meinem bevorstehenden Flug in den Urlaub passte.

Der Titel des Buches machte mich neugierig. Hape Kerkeling hatte es geschrieben. Ihn kenne ich seit vielen Jahren aus dem Fernsehen und schätze seinen Humor. Was hatte Hape mir zu sagen? Irgendwie ahnte ich, dass hier etwas Besonderes, nicht Alltägliches in interessanter kurzweiliger, liebens- und lesenswerter Art beschrieben wurde. Das Buch wurde gekauft. Noch im Flieger verschlang ich es zur Hälfte. Was für ein gelungener Urlaubsauftakt.

Von einem ähnlichen Abenteuer träume ich schon seit meiner Jugendzeit. Man muss es einfach anpacken, aber manchmal bedarf es eines Anstoßes von außen. Dies war so ein Moment. Hape schickte mich auf die Reise.

Nun bin ich grundsätzlich der Auffassung, dass ein Buch zur Beflügelung der Phantasie und zum Abtauchen in eine andere Welt sicher hilfreich ist oder sein kann, Lesen allein aber nicht ausreicht, um die Welt zu verstehen, und Ideen zu entwickeln. Schon gar nicht ist Lesen Ersatz für eine lebendige Kommunikation der Menschen untereinander. Mir tun alle Zeitgenossen leid, die es bei ihren Träumen belassen und es nicht schaffen, diese zu verwirklichen. Man muss lernen, das Leben zu erleben.

Als ich 2005 mit 62 Jahren in den Vorruhestand ging war ich davon überzeugt, dass Langeweile bei mir nicht aufkommen würde. Was meine Zukunft und meine Einstellung zu ihr angeht, hatte und habe ich noch viele Pläne im Kopf.

Mit dieser Einstellung machte ich mich erst einmal ganz pragmatisch daran, das Dachgeschoss meines Hauses in Norddeutschland, in dem auch mein Sohn mit seiner Familie wohnt, auszubauen. Wann immer es möglich und gewünscht ist, will ich ihnen nahe sein und den Sommer auf diesem schönen

Fleckchen Erde am See genießen, ohne der jungen Familie zur Last zu fallen.

Die Bauarbeiten am Haus waren noch nicht ganz abgeschlossen, als es mir in den Sinn kommt, mir erst einmal meinen lang ersehnten Traum einer Atlantiküberquerung auf einer Segelyacht zu erfüllen. Dieses Erlebnis, von dem ich an anderer Stelle berichte, und die immer deutlicher werdende Erkenntnis, dass das Leben kurz ist, sind der Treibstoff für meinen Willen, das eine und andere Highlight noch zu planen, zu erleben und zu genießen. Warum sollte nicht auch ich das erreichen können, was Kerkeling in seinem Buch so eindrucksvoll beschrieben hat, eine strapaziöse Wanderung auf einem langen Pilgerweg?

Die Planung eines solchen Unternehmens konnte ich mir noch vorstellen, nicht jedoch die Pilgerwanderung selbst.

Ich zähle nicht zu den Mitbürgern, für die der Ausfall des sonntäglichen Kirchgangs eine mittlere Katastrophe bedeutet. Erst recht fühle ich mich nicht zu der Schar der Gläubigen hingezogen, die ihr Heil und ihre Lebensphilosophie darin sehen, einmal im Leben unter Einsatz ihrer ganzen Kräfte und nach einem Durchleben von Strapazen ein für sie wichtiges Pilgerziel zu erreichen. Als jemand, der sich für Kirchen mehr aus architektonischer als aus religiöser Sicht interessiert, kann ich die Motive einer solchen Pilgerwanderung emotional nur sehr schwer nachvollziehen. Großen Respekt dagegen habe ich vor dem großen Selbstvertrauen und dem Willen der Leute, die eine solche Wanderung mit Geduld und Ausdauer bis zum Ziel durchstehen.

Der Gedanke, dass ich diese Eigenschaften auch in mir wecken, fördern und abrufen könnte und müsste war letztlich der Auslöser für die Planung und Durchführung eines mich forderndes Vorhabens.

Nun stellt sich in diesen Fällen immer die Frage nach dem Sinn oder Unsinn eines solchen Unternehmens. Jeder Mensch, der ähnliche Wünsche und Sehnsüchte in sich trägt, kann die Frage nach dem Sinn nur für sich selbst beantworten.

Vor dem Hintergrund solch individueller Entscheidungen ist es nach meiner Auffassung auch müßig, nach Gleichgesinnten Ausschau zu halten und bei ihnen eine Bereitschaft zur Teilnahme an dem Vorhaben wecken zu wollen. Zu unterschiedlich sind die persönlichen Interessen und Lebensplanungen. Nach meinen, auch bei vielen Hochseesegeltörns gewonnenen Erfahrungen bin ich der Auffassung, dass sich die Mitmenschen bei außergewöhnlichen Vorhaben in drei Gruppen einteilen lassen.

Zur ersten Gruppe zähle ich die „Gleichgültigen". Bei ihnen ist bei einer Anfrage Kopfschütteln angesagt, weil ihnen jede Phantasie für die Realisierung von Träumen fehlt.

Die „Oberbedenkenträger" ordne ich der zweiten Gruppe zu. Sie finden tausend Gründe, die Durchführung eines Vorhabens als unkalkulierbar und gefährlich erscheinen zu lassen.

Zuletzt die „Entscheidungsschwachen". Es ist der nicht kleine Kreis derjenigen, die zwar gerne möchten, aber nicht so recht wollen oder auch nicht dürfen, weil es der Ehe- oder Lebenspartner dieses unter Heranziehung von tausend Gründen zu verhindern sucht.

Der Entscheidungsschwache ist letztlich froh darüber, wenn ihm die Entscheidung abgenommen wird. Er klammert sich daran, dass er sich diesem oder jenem Argument nicht verschließen kann und einzig allein leider nur aus diesen Gründen das Vorhaben verwerfen muss.

Da ich meine Zeitgenossen kenne, bin ich von vornherein auch darauf eingestellt, es gar nicht mit meinen Überredungskünsten zu versuchen, den Einen oder Anderen an meinem Unternehmen zu beteiligen. Ich würde in meinem Umfeld doch nur auf Unverständnis stoßen. Deshalb werde ich mein Vorhaben allein durchziehen, und ich weiß um das

Verständnis meiner Ehefrau Ute. Sie ist zwar nicht begeistert von meiner Idee, aber sie versteht mich und legt mir keine Steine in den Weg. Dafür bin ich ihr sehr dankbar.

Vorbereitung und Vorfreude

Herbst- und Wintermonate eignen sich hervorragend für Planungsarbeiten, die einen größeren Zeitaufwand erfordern. In dieser Zeit frage ich mich: Wenn nicht jetzt, wann dann? Ich fasse den Entschluss, ein besonderes, nicht alltägliches Unternehmen zu planen und fange damit an, mich für eine Fahrradtour von der nördlichsten bis zur südlichsten Stadt Deutschlands zu interessieren. Aber warum gerade eine Radtour?

Als Jugendlicher hatte ich es immer gewollt aber aus den unterschiedlichsten Gründen versäumt, meinen Traum von einer großen Radtour zu realisieren. Diese Tour will ich jetzt nachholen. Sie soll möglichst zu den Bedingungen, wie ich sie als Jugendlicher vorgefunden hätte, durchgeführt werden, und zwar mit meinem 35 Jahre alten Fahrrad, ausgestattet mit einer Dreigangnabenschaltung. Und ich will - wo immer dies möglich ist - in Jugendherbergen (DJH) übernachten. Eine DJH-Jahresmitgliedskarte habe ich mir schon via Internet bestellt. Das Verzeichnis aller Jugendherbergen Deutschlands und eine zugehörige Übersichtskarte aller DJH-Standorte helfen mir, deren Lage mit meinen geplanten Radwegen in Einklang zu bringen. Auch will ich nach Möglichkeit nicht mehr als nötig in meine

Fahrradausstattung und -ausrüstung und mein persönliches Outfit investieren. Am liebsten würde ich mich einfach auf mein Fahrrad setzen und losfahren. Natürlich bin ich nicht so blauäugig zu glauben, dass dann schon alles von allein laufen und irgendwie gut gehen wird. Nein, meine persönliche Sicherheit und die des Fahrrades sollten schon gewährleistet sein.

Zuallererst stelle ich eine Liste über die erforderliche Mindestausstattung zusammen und berücksichtige hierbei auch die Erfahrungen anderer Radwanderer. Leider wird diese Aufstellung gegen Ende der Planungsphase länger und länger, und das mitzunehmende Gepäck immer schwerer.

Jedem Radtouristen, der ein solches Unternehmen planen will, empfehle ich das Internet. Und das nicht nur, weil dort Unmengen von hochinteressanten Reise-, Übernachtungs- und Ausrüstungstipps abrufbar sind. Die Planungsarbeit im Internet motiviert ungemein. Ich erlebe diese Phase jedenfalls so und lasse mich von der Begeisterung anderer Radreisenden schnell mitreißen. Es sind jene engagierten Leute, die uns gerne an ihren Abenteuern teilhaben lassen und bereitwillig ihre persönlichen Erfahrungen weitergeben.

Man kann die Zeit nicht aufhalten oder zurückdrehen. Das gilt auch für bestimmte Entwicklungen in der Technik. Und weil das so ist beginne ich, anders als dies vor 50 Jahren möglich gewesen wäre, meine Planungen mit Recherchen im Internet. Wer so etwas schon einmal durchgezogen hat wird bestätigen können, dass die Nutzung des Internets für derartige Unternehmungen unwahrscheinlich nützlich ist und darüber hinaus auch noch Spaß macht. In dieser Phase ist die Freude an der Planungsarbeit sehr wichtig. Sie fördert die Motivation, steigert die Vorfreude auf das eigentliche Ereignis und hält sie lebendig. Und wie das so ist, mit der unüberschaubaren Flut von Informationen, zunächst muss ich mir einen generellen Überblick verschaffen. Ich will wissen, was im Internet an Radwegen angeboten wird, an Erfahrungsberichten niedergeschrieben ist und welche für mich noch wichtigen Informationen dort eingestellt sind. So erfahre ich nach und nach, was auf mich zukommt und worauf ich mich einlassen muss.

Ich muss mich entscheiden, ob ich den kürzesten, den am leichtesten zu fahrenden oder den schönsten Weg fahren will. Wahrscheinlich kommt eine Mischung aus allem heraus.

Ich bin im Flachland groß geworden und zuhause und zähle nicht mehr zu den Jüngsten der Radwandertruppe. Deshalb möchte ich die am leichtesten zu bewältigende Strecke fahren. Und ich möchte, wo immer dies möglich ist, auf die

Überquerung der Mittelgebirge verzichten. Meine Radreise soll in Oberstdorf, der südlichsten Gemeinde Deutschlands beginnen. Ziel soll die nördlichste, an der dänischen Grenze liegende Stadt Flensburg sein.

Nachdem die Hauptroute feststeht, wende ich mich der Ausplanung der Teilstrecken zu. Meine Ausarbeitung ergänze ich durch eine Auflistung von Sehenswürdigkeiten, die ich mir unterwegs anschauen möchte.

Dieser Planungsabschnitt nimmt viel Zeit in Anspruch und wird wegen anderer Vorhaben und Aktivitäten immer wieder unterbrochen. Schon bald ist ein Jahr ohne Festlegung eines konkreten Starttermins vergangen.

Ute und ich verbringen den Sommer im Norden. Und weil ich mich hier gerade aufhalte, will ich die Tour in umgekehrter Richtung, also von Nord nach Süd fahren. Oberstdorf wird jetzt das Ziel meiner Reise. Mitte September soll es losgehen, vorausgesetzt das Wetter spielt mit. Zu dieser Zeit sind die Tage nicht mehr so warm, und der nasskalte Herbst hoffentlich noch in weiter Ferne. Zuvor muss ich mich jedoch noch physisch auf diese Tour vorbereiten. Täglich trainiere ich und fahre auf meinem Fahrrad viele Kilometer rund um die Hüttener Berge.

Um die Spannung und Vorfreude zu steigern, fange ich Anfang September mit dem Probepacken an. Es ist erstaunlich, wieviel Gepäck zwei Packtaschen aufnehmen können. Neben den beiden günstig erworbenen Taschen will ich zusätzlich noch einen Korb auf dem Gepäckträger mitnehmen. Das sieht zwar unprofessionell aus, scheint mir aber praktisch zu sein. Bestimmte Dinge habe ich dann sofort griffbereit und muss nicht lange in den Taschen kramen.

Mühsam gestaltet sich das Anbringen der kleinen Lenkradtasche, in der ich meinen persönlichen Kleinkram unterbringe. Deren Schlaufen bringen mich zur Verzweiflung. Ich hätte besser in eine Markentasche investieren sollen. Nach ausgiebiger Erprobung von Fahrrad und Ausstattung warte ich jetzt nur noch auf besseres Wetter.

Oberstdorf ich komme

Wittensee – Bad Segeberg

Endlich ist es soweit. Für mich gibt es kein Halten mehr. Am Sonntag, den 06.09.2009 starte ich gegen 10:00 Uhr im Landkreis Rendsburg-Eckernförde, unweit des Ostseebades am schönen Wittensee. Es ist ein 10 Quadratkilometer großer, mitten in der Endmoränenlandschaft des Naturparks Hüttener Berge liegender See, der seinen Ursprung der Eiszeit verdankt.

Ute, meine Kinder und Enkeltochter Jette verabschieden mich mit guten Wünschen für meine Fahrt. Sie winken mir nach und die vierjährige Jette versteht noch nicht so recht, was da abläuft. Dann ist Opa fort und auf sich allein gestellt. Das Abenteuer kann beginnen.

Die Straße nach Haby verlangt mir erste Kraftanstrengungen ab. Viele Orte hier im Norden enden mit der Silbe „by", was so viel heißt wie Ort oder Dorf. Die Endung „by" entstammt der dänischen Sprache. Vor ca. 150 Jahren gehörte dieser nördliche Landesteil (Schleswiger Land) noch zu Dänemark. Von Haby aus fahre ich nach Sehestedt. Der Ort zählt zu den ältesten Rittergütern im alten Herzogtum Schleswig und wurde 1282 erstmals erwähnt. Sehestedt wurde durch den Bau des Nord-Ostsee-Kanals in zwei Teile geteilt. Heute liegt die romantische, Anfang des 13. Jahrhunderts errichtete Feldsteinkirche St. Peter und Paul unmittelbar an dieser knapp 100 km langen künstlichen Wasserstraße, auf der sich jährlich ca. 34.000 Schiffe den 800 km langen Umweg um die Nordspitze Dänemarks und die oft stürmischen Seegebiete des Skagerraks und Kattegats ersparen.

Der „Kiel-Kanal", wie er in der Sprache der Seeschifffahrt genannt wird, nahm am 01.07.1895 nach 8-jähriger Bauzeit als „Kaiser-Wilhelm-Kanal" seinen Betrieb auf und gilt als die meistbefahrene Wasserstraße der Welt.

Hier setze ich mit der kostenlosen Schnellfähre vom Landesteil Schleswig nach Holstein über und fahre durch Osterrade. In Kluvensiek, mit seinem herrlichen Gutshaus und der parkähnlich angelegten Gartenanlage fällt mein Blick auf ein Hinweisschild zu einem Café im Gutshaus, das mir bisher nicht bekannt war.

Kurze Zeit später erreiche ich den „Alten Eider-Kanal". Er hieß ursprünglich „Schleswig-Holstein-Kanal" und war die erste künstliche Wasserstraße zwischen Nord- und Ostsee. Er ist ein in Vergessenheit geratener Vorgänger des heutigen Nord-Ostsee-Kanals.

Um dieses frühzeitliche Meisterwerk der Nachwelt zu erhalten, wurde in den letzten Jahren mit der Restaurierung einiger sehenswerter Teilstücke und alter Schleusen begonnen. Seinerzeit hatten die Meister des Wasserbaus den Lauf der Eider, des längsten Flusses Schleswig-Holsteins, genutzt, um eine schiffbare Verbindung zwischen Nord- und Ostsee herzustellen. Hierbei kam den Wasserbauingenieuren die geographische Lage der Eider entgegen.

Die Eider entspringt im östlichen Landesteil, durchquert das Land nach Westen hin auf einer ursprünglichen Länge von 188 Kilometern und mündet bei Tönning in die Nordsee. Der Nord-Ostseekanals nimmt die Eider bei Achterwehr auf und folgt nach Westen hin im Wesentlichen deren altem Flusstal. Durch diese Wasserbaumaßnahmen hat sich die Länge des Flusses deutlich reduziert. Sie wird heute offiziell mit 108 Km angegeben.

Über Wakendorf erreichte ich den Ort Bovenau mit seinen schönen Häusern und Gärten. Auch hier entdecke ich wieder ein Hinweisschild auf ein mir ebenfalls nicht bekanntes Café bzw. den Dorfkrug. Bei Bredenbek quere ich die A 210, einem Autobahnstück, das die für den Norden wichtige Autobahn A 7 und den mittleren Landesteil von Schleswig-Holstein mit der Landeshauptstadt Kiel verbindet.

Und weiter geht es zügig Richtung Süden. Bis Bredenbek ist mir der Weg noch vertraut und aus meiner Kieler Zeit von 1968 bis 1976 noch in guter Erinnerung. Oft verließen wir in den Sommermonaten am Wochenende mit den Kindern unseren damaligen Wohnort Kiel, um uns am See im Kreise der Familie zu erholen. Zu dieser Zeit gab es die Autobahn von Kiel nach Rendsburg noch nicht und man war auf die zeitraubende und sehr kurvenreiche und unfallträchtige Bundesstraße angewiesen.

Vor dem Antritt meiner Radtour hatte ich mir als Navigationshilfe diverse „Spickzettel" geschrieben und mir diese unter die Klarsichtfolie meiner Lenkertasche geklemmt. Auf ihnen sind alle anzusteuernden Orte der Reihe nach aufgeführt. Diese Planungsarbeit hätte ich mir erleichtern können, wenn ich mich auf die offiziellen und gut ausgeschilderten Radwege abgestützt hätte, aber mein Ziel ist ja, zumindest auf dem ersten Teil meiner Reise ganz bewusst auf das Befahren von Fernradwegen zu verzichten. Ich will meine Heimat näher kennenlernen. Mir liegt viel daran, ganz bestimmte, mir noch nicht bekannte und zum Teil fernab der Hauptradfahrwege liegende Orte anzusteuern.

Als ich am Morgen meine Radtour begann, wusste ich noch nicht, wie weit ich heute fahren würde. Ich hatte einfach zu wenig Erfahrung und will zunächst meine Kondition und mein gepäckbeladenes Gefährt testen. Überhaupt keine Vorstellung habe ich davon, wie sich mein Hinterteil verhalten wird. Ich bin auf alles vorbereitet und habe bei der Zusammenstellung einer kleinen Reiseapotheke auch die guten Ratschläge von erfahrenen Leuten berücksichtigt. So befindet sich in dem kleinen Päckchen auch eine Wund- und Heilsalbe, mit der ich bei Bedarf mein geschundenes Hinterteil pflegen kann.

Als nächster Ort steht Brux auf meinem „Spickzettel". Der Weg dorthin führt an einer Eichenallee, wie man sie heute nur noch selten sieht, vorbei. Schneller als ich dachte, erreiche ich den Ort Westensee, am gleichnamigen See gelegen. Westensee mit seiner mittelalterlichen Feldsteinkirche liegt, eingebettet in eine wunderschöne Landschaft und unerschöpfliche Natur, nur ca. 16 Km westlich der Landeshauptstadt Kiel, inmitten des Naturparks Westensee-Obereider. Hier bieten viele Wander- und Radwege dem erholungssuchenden Bürger das, wonach er auf der Suche ist. In diesem Naturpark sind auch die hervorragenden Baudenkmäler und Herrenhäuser Schierensee, Deutsch-Nienhof und Ehmkendorf zu finden.

Am Rande des Ortes Westensee haben ein Reit- und Springturnier sowie ein Pferdemarkt viele Besucher angelockt. Gerne hätte ich hier noch ein wenig verweilt, um dem Treiben zuzuschauen, aber ich will weiter. Das Vorbereitungstraining in den Hüttener Bergen zeigt seine Wirkung. Ich fühle mich pudelwohl und bin optimistisch, mein insgeheim doch angepeiltes Tagesziel Bad Segeberg und die dortige Jugendherberge heute noch zu erreichen. Bis dahin habe ich aber noch etliche Kilometer zu strampeln.

Erste Zweifel an diesem Plan kommen mir schon kurze Zeit später. In Westensee muss ich bis zur Ortsmitte die Straße ständig bergauf fahren. Ärgerlich ist, dass ich mich hier zum ersten Mal verfahre und wieder zurück radeln muss. Erfreulich ist, dass ich auf diese Weise an dem für seine große Auswahl guter Torten bekannten „Café Zeit" vorbeikomme und jetzt weiß, wo ich dies künftig finden werde.

Mein weiterer Weg Richtung Groß Vollstedt führt mich aus Westensee heraus. Ich muss viele hundert Meter an der Hauptstraße entlang bergauf strampeln. Die Luft ist klar und ich habe eine hervorragende Aussicht über das weite Land. In der Nähe des Ortes Warder am gleichnamigen See ziehen schwarze Wolken auf und es tröpfelt vom Himmel. Ich weiß, dass ich mich heute noch auf einiges gefasst machen muss, denn dieses Wetter war morgens im Rundfunk angekündigt worden. Für die nächsten Tage hatten die Meteorologen jedoch gutes Wetter vorausgesagt und das wollte ich unbedingt nutzen, um meine Traumradtour durch Deutschland endlich zu realisieren.

Als ich Langwedel erreiche, wird der Regen stärker. Von einem Sportplatz schallt Lärm zu mir herüber. Dort findet gerade ein Fußballturnier statt. Schon von weitem sind die lauten Fans zu hören. Mehrere Mannschaften aus der Umgebung sind mit ihren Familien angereist. Am Platz und im Vereinslokal herrscht reger Betrieb. Es ist Mittagszeit und was liegt da näher, als eine Pause einzulegen. Hier kann ich mich stärken und gleichzeitig den Abzug des Regenschauers abwarten.

Im Mannschaftsheim geht es recht quirlig zu. Ich bestelle mir eine Currywurst mit Pommes Frites, muss mich allerdings eine ganze Zeit gedulden, bis mir diese serviert wird. Man sieht mir an, dass ich mit dem Fahrrad unterwegs bin und fragt mich nach meinem Vorhaben. Als ich von meinem begonnenen Abenteuer erzähle, und meinen Zielort nenne, höre ich nur: „Oh, da haben Sie aber noch ein ganzes Stück vor sich". Zu diesem Zeitpunkt ahne ich noch nicht, dass ich diesen Satz auf meiner Tour nach Süden noch oft wortgleich zu hören bekomme und dies unabhängig von den jeweiligen Entfernungen der bereits gefahrenen oder noch vor mir liegenden Wegstrecke.

Der Regen lässt nach und der Himmel reiß auf. Gestärkt und frohen Mutes schwinge ich mich auf mein Fahrrad und fahre meinem Tagesziel Bad Segeberg entgegen.

Von Langwedel am Brahmsee, an dessen Ufer Altkanzler Helmut Schmidt sein Feriendomizil hat und in seinen jüngeren Jahren auf dem See segelte, geht meine Fahrt weiter Richtung Süden. Ich bin mit mir im Reinen, genieße die vom Regen sauber gewaschene frische Luft.

Doch das Glück ist nicht von langer Dauer. Gerade als ich eine Unterführung der Autobahn A 215 erreiche, fängt es heftig an zu regnen. In aller Ruhe, denn ich habe ja die Autobahnbrücke als „Dach" über dem Kopf, streife ich mir meinen Jeantex-Regenanzug über meine Radfahrerbekleidung, stecke meine Gamaschen über meine Schuhe, und ziehe die Kapuze meiner Jacke hoch über den Kopf. Jetzt muss ich nur noch die Schutzhüllen über die Gepäcktaschen und den Korb auf dem Gepäckträger ziehen, dann geht es weiter.

In dieser Ausstattung kann mir der Regen nichts mehr anhaben. Ein „Schön-Wetter-Radler" will ich nicht sein, und mache mir auf meine Weise selbst Mut zum Weiterfahren.

Die über die Gepäcktaschen gezogenen Schutzhüllen erfüllen ihren Zweck. Sie verhindern ein Eindringen der Feuchtigkeit. Mit meinem eigenen Regenschutz bin ich nicht zufrieden. Während ich von außen trocken bleibe, nimmt die Feuchtigkeit von innen ständig zu. Jacke und Hose sind nicht atmungsaktiv, und mein Schwitzwasser schlägt sich an den Innenseiten nieder. Ich muss unbedingt etwas unternehmen, um nicht in kurzer Zeit genauso nass zu werden, als wäre ich ohne Schutz dem Regen ausgeliefert.

Zunächst versuche ich, meine schweißtreibende Anstrengung zu reduzieren und lege unter dem vorstehenden Dach einer Fahrschule eine Pause ein. Hoffentlich zieht das Regenfeld bald ab. Der Himmel sieht nicht nach Dauerregen aus, wie ein Blick nach oben zeigt. Tatsächlich reißt die Wolkendecke kurze Zeit später auf und es geht weiter.

Ich fahre durch die Ortschaften Sören und Schmalstede. In Bordesholm habe ich zunächst große Schwierigkeiten, den weiterführenden Radweg nach Süden zu finden. Vielleicht habe ich auch nur die Ausschilderung dorthin übersehen. Künftig muss und will ich mich mehr konzentrieren.

Ich war kurz mit meinen Gedanken woanders und hatte über den Ursprung des Ortsnamen Bordesholm nachgedacht. Dieser leitet sich ab von der Beschreibung „am Ufer der Insel". Es ist jene Insel im Bordesholmer See, auf der Vicelin im Jahre

1125 ein heute dort nicht mehr bestehendes Kloster gegründet hatte. Später verbanden Mönche die Insel mit dem Seeufer und bauten in drei Bauabschnitten zwischen 1332 und 1509 die noch heute zu besichtigende Klosterkirche.

Schließlich finde ich doch noch den richtigen Weg aus Bordesholm heraus und erreiche den Ort Wattenbek, in dem mein Kollege vor seinem Umzug ins Rheinland zuhause war und hier erst kürzlich sein Haus verkauft hatte.

Immer wieder erfreuen mich die vielen Eichenwälder und einige gewaltige, am Wegesrand stehende Einzelbäume. Die Umgebung von Bordesholm ist für einen Ausflug sehr zu empfehlen. Die Landschaft ist hügelig und lieblich. Man sieht sehr schön angelegte Gärten und in dieser dünn besiedelten Gegend auf den weiten Weiden viele Pferde.

In Kürze erreiche ich den Kreis Plön. Groß Buchwald, Schönhagen, Löhndorf, Wankendorf und Ruhwinkel sind die nächsten Orte auf meinem Weg zum Tagesziel.

Im Kreis Segeberg geht es auf einer schönen Strecke südlich an Schmalensee und Tarbek vorbei. In der Nähe von Alt Erfrade komme ich auf den „Mönch-Radweg". Er führt mich durch den Schackendorfer Wald

Gleich hinter Achterholzkamp überquere ich die Trave und verspüre Heimatgefühl. An der Mündung dieses Flusses in die Ostsee bin ich geboren und aufgewachsen. Trave und Ostsee haben mich geprägt und meine Liebe zur Seefahrt geweckt. Orte am Wasser waren für mich und meine Freunde in unserer Kindheit und Jugend immer magische Anziehungspunkte und Hauptspielplatz. Wenn am Ende eines langen Winters das Eis der Ostsee aufbrach, wurde auf Eisschollen geschippert oder auf Arbeitsflößen herumgeturnt. Im Sommer schwammen wir im Fluss oder in der See. Was für unvergessliche Erlebnisse, von denen unsere Eltern oftmals nichts wissen durften. Beim Herumturnen am Wasser und auf den dort liegenden Kähnen ging auch schon mal was schief, und wir landeten im Wasser. Pudelnass durften wir aber nicht nach Hause kommen. Also wurde unsere Kleidung so gut es ging bei einem Freund zuhause soweit getrocknet, dass unsere Eltern unser Unglück nicht unbedingt erkennen konnten, wenn wir ihnen gegenüberstanden.

Wir haben unsere Spiele am Wasser überlebt, aber nicht jedes Kind hatte so viel Glück. Es gab auch tragische Momente, von denen ich seinerzeit allerdings immer nur vom Hörensagen erfuhr.

Kurz vor Groß Rönnau führt der Weg an der Reitanlage Pettluis vorbei. Hier herrscht reger

Betrieb und die Gesamtanlage hat den Anschein einer Hochburg für Pferdeliebhaber.

Wenig später erreiche ich den Ihlsee. An seinem Nordufer fahre ich entlang, staune über die schönen Häuser am Seeufer und spüre die Nähe der Stadt Bad Segeberg.

Gegen 19:00 Uhr erreiche den „Großer Segeberger See" und komme an den Kliniken und dem dortigen Herzzentrum vorbei.

Bad Segeberg ist die Karl-May-Stadt. Hier finden seit Jahrzehnten in den Sommermonaten die weit über die Landesgrenze hinaus bekannten Festspiele mit namhaften Künstlern statt. Mehrere dieser interessanten Veranstaltungen auf der Freilichtbühne am Fuße des Kalkberges habe ich als Jugendlicher mit meiner Schulklasse besucht, und ich kann mich noch gut an die eindrucksvollen Aufführungen erinnern. Auch wenn diese mit den heutigen Spektakeln nicht mehr vergleichbar sind, begeisterten sie uns damals gleichermaßen wie heute.

In den vergangenen Jahrzehnten ist die Bühnen-, Übertragungs-, Beleuchtungs- und Pyrotechnik ständig weiterentwickelt worden. Die heutigen Möglichkeiten tragen im Wesentlichen dazu bei, dass die Dramaturgie derartiger Veranstaltung bis zur Perfektion gesteigert werden konnte.

Das Wahrzeichen von Bad Segeberg ist der 91 Meter hohe Kalkberg. Bei Naturliebhabern bekannt sind seine begehbaren Höhlen. Sie bieten sieben verschiedenen Arten von Fledermäusen das größte natürliche Winterquartier Nord- und Mitteleuropas. Mehr als 20.000 Fledermäuse haben hier in den Wintermonaten ihren Schlafplatz.

Die Kreisstadt Bad Segeberg gilt als Tor zum Naturpark Holsteinische Schweiz, den ich heute auf seiner westlichen Seite entlang gefahren bin. Die Stadt, umgeben von Seen, Wäldern und der hügeligen, für Schleswig-Holstein so typischen Knicklandschaft, ist ein idealer Erholungsort für gestresste Mitbürger. Nicht ohne Grund haben sich hier große Kliniken und ein bekanntes Herzzentrum angesiedelt.

Nach einigem Suchen erreiche ich die Jugendherberge im Kastanienweg 1 und freue mich über ein freies Zimmer. Zum ersten Mal kommt mein neu erworbener Jugendherbergsausweis zum Einsatz. Für meine Übernachtung zahle ich 20,20 €. Für mich ist es die erste Nacht in einer Jugendherberge seit meiner Schulzeit. Ein seltsames Gefühl ist das schon, aber „alt" fühle ich mich nicht. Im Gegenteil, ich bin sehr froh, am ersten Tag meiner Reise diese große Strecke ohne Probleme bewältigt zu haben.

Im Moment bin ich jedoch ziemlich k. o., beziehe mein Bett und springe anschließend unter die Dusche. Hatte ich mir am ersten Tag zu viel zugemutet? Nach einem kurzen Nickerchen melden sich die Lebensgeister zurück, und ich halte es für sinnvoll, meine Beine bei einem Rundgang durch die Altstadt zu vertreten.

Stolz über meine Leistung und durstig vom Tag schmeckt mir das Bier heute besonders gut.

Tagesleistung Wittensee–Bad Segeberg:
99 Km, 7 Stunden und 06 Minuten.

Bad Segeberg – Lauenburg

Es war meine erste Nacht in einer Jugendherberge nach circa 55 Jahren. Wie nicht anders zu erwarten war, habe ich gut geschlafen. Als ich aufwache, herrscht auf den Fluren schon reges Treiben. Die ausgelassene Fröhlichkeit der Kinder bestätigt mir die Richtigkeit des Jugendherbergskonzeptes. Hier wird in besonderem Maße Gemeinschaft erlebt und ein persönlichkeitsprägendes Miteinander praktiziert.

Das Frühstück ist reichhaltig und gut. Nachdem ich die Packtaschen am Rad befestigt, die Bettwäsche im Keller in den dort bereitstehenden Korb gelegt und an der Rezeption ausgecheckt habe, starte ich um 09:15 Uhr zur Weiterfahrt.

Der Anfang des Radweges nach Bad Oldesloe ist nicht leicht zu finden. Bei seiner Suche verlasse ich mich auf meinen guten Orientierungssinn. Ich muss nach Südosten fahren.

Über Bühnsdorf und Wakendorf erreiche ich den Kreis Storman und bin wieder drin in dieser Hügellandschaft. Hier im östlichen Landesteil von Schleswig-Holstein hat die Eiszeit ihre Spuren hinterlassen und die so typische Endmoränen-landschaft geschaffen. Gletscherzungen haben tiefe Furchen in das Land gezogen. Zurückgeblieben sind Fjorde, Seen und Hügelketten, meist von

Buchenwäldern bedeckt, wie beispielsweise die Holsteinische Schweiz mit ihrer Seenplatte.

Den Nachlass der Eiszeit bekomme ich hier zu spüren. Unendlich lange Anstiege sind zu bewältigen. Oben angekommen werde ich dafür mit einer weiten Sicht über das Land belohnt.

Eine Warmfront kündigt sich an. Von Minute zu Minute wird es wärmer. Es dauert nicht lange, und der Regen setzt ein. Als der Himmel seine Pforten öffnet, schaffe ich es gerade noch, mich unter dem Schleppdach eines Getreidelagers zu retten.

Es schüttet heftig, ein deutliches Zeichen für den Durchzug einer Warmfront von nicht langer Dauer. Ich habe die Hoffnung, dass dieser Regen bald aufhören wird. In aller Ruhe ziehe ich meine Schutzbekleidung an, schiebe die Gamaschen über meine Schuhe und fahre weiter.

Nach einer halben Stunde lässt der Regen tatsächlich schlagartig nach. Ich bin froh, mich wieder aus dem Regenzeug schälen zu können.

Typisch für den Durchzug der Front ist auch, dass jetzt Wind aufkommt. Der bläst mir von vorn ins Gesicht und erschwert mein Vorwärtskommen. Es wird wärmer und wärmer. Vielleicht kommt es mir auch nur so vor.

Auf dem Weg nach Lauenburg, meinem heutigen Tagesziel, ist die Stadt Bad Oldesloe der nächstgrößere Ort hinter Bad Segeberg. Bekannt wurde die Stadt 1813 durch ihre Sol-, Moor- und Schwefelbäder, die heute aber an Bedeutung verloren haben.

Als ich die Innenstadt erreiche, ist es dort sonnig und warm. Hier will ich eine Pause machen und lasse mich vor einem Café an einem der dort stehenden Tische nieder. Die Sonne wärmt mich, während ich meinen Pott Kaffee trinke, und zwei halbe Brötchen meine verbrauchten Kalorien zurückbringen.

Das schöne Wetter hat viele Besucher in die Stadt gelockt. Mit Interesse beobachte ich das geschäftige Hin und Her, bevor es mich weiter treibt auf dem Rücken dieses Hügellandes.

Über Pölitz und Schwienköben geht es bergauf bergab weiter Richtung Südosten, und im Herzogtum Lauenburg dem Elbe-Lübeck-Kanal entgegen. Auf dem Weg dorthin genieße ich die bis zum Horizont reichende Weite dieser schönen Landschaft, den Anblick der gepflegten Felder, schönen Güter und Höfe, und die Ruhe einer fast menschenleeren Gegend. Und immer wieder diese Eichenwälder, die sich in mein Gedächtnis einbrennen. Wie schön ist doch meine Heimat! Man muss nur die Sinne öffnen, um das zu erkennen.

Die Radwege sind mal besser, mal schlechter. Die Qualität der Ausschilderung reicht von sehr gut bis „geht gar nicht". Hierüber muss man sich nicht wundern. Das Gebiet ist touristisch nicht erschlossen. Einkehrmöglichkeiten bestehen so gut wie keine. Einsamkeit pur ist angesagt. Für mich werden diese Nachteile durch eine sehr gute Weitsicht über das Land und die schönen Eindrücke am Wegesrand ausgeglichen.

Ein herrliches Bild erwartet mich, als ich an einem riesigen, ca. 4-5 Meter hohen Holzstapel vorbeifahre. Auf dessen Spitze ganz oben steht ein Ziegenbock und begrüßt mich bei meiner Annäherung mit lautstarkem Gemecker.

Mir fällt auf, dass man sich hier im Landkreis Storman nicht mehr mit dem mir so vertrauten „moin" begrüßt. Auch habe ich den Eindruck, dass die hiesige Bevölkerung nicht so freundlich zu sein scheint, wie bei uns oben im Schleswiger Land. Vielleicht bin ich aber auch nicht den richtigen Leuten begegnet.

Schmachthagen, Stubben, Steinhorst, Schiphorst, Sandesneben und Wentorf sind Orte und Dörfer, durch die ich auf meinem Weg nach Lauenburg komme.

Ich habe den Eindruck, dass in dieser Gegend die Bausubstanz der Häuser immer schlechter wird, und die Orte immer ärmlicher werden, umso weiter ich nach Osten komme.

Das ist auch nicht verwunderlich. Vor der so genannten „Wende", also dem Fall der Mauer und der Wiedervereinigung von Ost- und Westdeutschland, war diese Gegend Zonenrandgebiet. Alle an der Grenze zur ehemaligen DDR gelegenen Gebiete waren im Vergleich zu anderen Regionen Westdeutschlands wirtschaftlich benachteiligt, weil ihnen das das für eine florierende Wirtschaft erforderliche Hinterland fehlte.

Die Orte Linau, Hohenfelde, Köthel, Borstorf stehen auf meinem „Spickzettel". Ihn arbeite ich Ort für Ort ab. Trotzdem verfahre ich mich manchmal wegen der sehr schlechten Ausschilderung.

In Güster erreiche ich den für die Binnenschifffahrt gebauten Elbe-Lübeck-Kanal.

Der Kanal wurde um 1900 in Betrieb genommen und verbindet in seiner heutigen Ausbauform von ca. 62 Kilometer Länge die Elbe bei Lauenburg mit der Trave in Lübeck und ermöglicht so den Zugang zur Ostsee. Obwohl er bereits 1936 seinen heutigen Namen erhielt, wird der Kanal von der hiesigen Bevölkerung immer noch mit seinem ursprünglichen Namen „Elbe-Trave-Kanal" genannt. Unter diesem

Namen kenne auch ich ihn noch aus meiner Schulzeit.

Für die Berufsschifffahrt ist dieser Kanal heute bedeutungslos. Er hält den Anforderungen an den heutigen Warenverkehr nicht mehr stand. Heute ist das ganze Kanalgebiet ein Eldorado für Freizeitkapitäne, Angler, Naturliebhaber und Radfahrer. Dennoch ist die Ausschilderung des Radweges schlecht, und ich werde einige Male fehlgeleitet.

Der parallel am Kanalufer entlangführende Radweg „Alte Salzstraße" ist in diesem Bereich identisch mit dem „Hamburg-Rügen" Radweg. Er ist größtenteils nicht asphaltiert, was nicht unbedingt ein Nachteil sein muss. Die mangelhaften Ausschilderungen könnten aber vermieden werden. Sie führen immer wieder zu unnötigen Umwegen. Manchmal hilft selbst die hinzugenommene Fahrradkarte nicht weiter.

Über Siebeneichen erreiche ich den Ort Büchen, in der Nachkriegszeit bekannt geworden durch seinen ehemaligen Grenzübergangsbahnhof zur DDR.

Nachdem ich den Ort Witzeeze passiert habe, fahre ich bei Dalldorf über eine Brücke auf das Ostufer des Kanals. Hier ist der Radweg zunächst noch asphaltiert, geht aber später in einen Sandweg über.

Die „Salzstraße" war ehemals Teil der wichtigsten Nord-Süd-Verbindung Deutschlands und erlangte ihre größte Bedeutung in der Zeit vom 12. bis 16. Jahrhundert. Zu Zeiten der Hanse war das Salz die Hauptgrundlage für den Heringshandel und wurde von Lüneburg aus offen oder in Fässern über die Salzstraße nach Lübeck und von dort in den gesamten Ostseeraum verbracht.

Auf dem Streckenabschnitt nach Lauenburg irritieren mich nicht nur die schlechte Ausschilderung des Radweges sondern auch die Entfernungsangaben dorthin. Diese weichen mitunter sehr stark voneinander ab, und ich habe das Gefühl, dieser Stadt nicht näher zu kommen.

Nachdem ich den Ort Lanze passiert habe, und über eine weitere Kanalbrücke gefahren bin, erreiche ich die über 800 Jahre alte Schifferstadt Lauenburg.

Sie ist die südlichste Stadt Schleswig-Holsteins und liegt 40 km südöstlich von Hamburg am Länderdreieck zu Mecklenburg-Vorpommern und Niedersachsen.

Kaum dass ich den Kanal erneut gequert habe, erwartet mich auf dessen Westufer eine sehr lange, zur Lauenburger Oberstadt hinaufführende Bergstrecke. Der Aufstieg dorthin nimmt kein Ende. Oben angekommen, frage ich nach dem Weg zur Jugendherberge. Wie man mir erklärt, liegt diese in der Nähe des Sportplatzes. Ich muss durch die ganze Stadt. Dann endlich entdecke ich ein Hinweisschild zum Sportplatz und zur Herberge.

Die DJH „Am Sportplatz 7" macht einen guten Eindruck. Wie schon in Segeberg, beziehe ich auch hier in einer ruhigen Lage des zweiten Stockwerks mein Zimmer. Nach einem Telefonat mit Ute und der herbeigesehnten heißen Dusche zieht es mich hinunter zum Elbufer und am Fluss entlang in die bekannte und sehenswerte Altstadt von Lauenburg.

Auf meinem Fußmarsch dorthin kommt mir ein weiblicher Wandergeselle entgegen. Sie ist auf der Walz und trägt die traditionelle Kluft, bestehend aus schwarzem Hut mit breiter Krempe, weiten Schlaghosen, Weste und Jackett. Ausgerüstet mit dem Stenz (Wanderstab) und dem obligatorischen „Charlottenburger" in dem ein auf der Tippelei (Gesellenwanderung) befindlicher Wandergeselle all sein Hab und Gut, z. B. Werkzeug, Unterwäsche und Schlafsack verstaut, bietet sie ein ungewohntes Bild. Wenn schon ein männlicher Wandergeselle aufschauen lässt, ist der Anblick einer Frau in diesem Outfit besonders auffällig. Auch in diesem Bereich vermischen sich Tradition und Emanzipation.

Nachdenklich folge ich dem Aufstieg zur Elbstraße und spaziere vorbei an einer weiteren Jugendherberge, von deren Existenz ich bis jetzt nichts wusste. Sie liegt unmittelbar am Elbufer. Ihre

Lage dort ist sehr schön, und ich hätte es vorgezogen, hier am Elbufer zu übernachten.

Kurze Zeit später erreiche ich die von vielen Elbhochwassern gebeutelte, aber trotzdem malerische Altstadt von Lauenburg mit ihren bunten Fachwerk-häusern und Relikten alter Fürstenbauten. Das hoch über dem Fluss thronenden Schloss wird heute als Verwaltungsgebäude genutzt.

Es wird wärmer, wie vom Wetterbericht vorausgesagt. Überhaupt war das Wetter im Laufe des Tages immer besser geworden, und die Temperaturen erreichten angenehme Werte. Viel laufen will ich an diesem herrlichen Sommerabend nicht mehr und beschließe die Einkehr in das sehr schöne, am Elbufer gelegene Gasthaus „Zum alten Schifferhaus".

Auf dem Elbe-Lübeck-Kanal, dessen Einfahrt ich von hier aus gut sehen kann, und auf der Elbe ist wenig Schiffsverkehr zu beobachten. Eine Penichette mit dem Vornamen meiner Enkeltochter „Jette" nähert sich und ein langes Schubschiff steuert die Kanaleinfahrt an. Hier in Lauenburg, am Ufer der langsam der Nordsee entgegenfließenden Elbe spüre ich ganz besonders die Geschichte dieser aus Ober- und Unterstadt zusammen gewachsenen Stadt, deren Lebensader dieser große Fluss immer war und ist.

An meinem Nebentisch sitzt eine Gruppe von 10 Männern. Ihren, der Lautstärke wegen nicht zu überhörenden Gesprächen entnehme ich, dass sie mit Rennrädern unterwegs sind und überwiegend auf Campingplätzen übernachten. Sie haben Spaß und lachen viel. Ihre Unterhaltung wird lauter und aufdringlicher. Nur als ihr Essen serviert wird, stellt sich für kurze Zeit „gefräßiges Schweigen" ein.

Mir fallen die vielen Fahrradtouristen auf, die hier in Lauenburg unterwegs sind. Verwunderlich ist das nicht, denn hier kreuzen sich drei Radfernwege. Es sind der beliebte „Elbe-Radweg", der Radweg „Alte Salzstraße", und der Radweg „Hamburg-Rügen", auf dem ich nach Verlassen der „Alten Salzstraße" nach Lauenburg gefahren bin.

Für mich wird es Zeit, das Bett aufzusuchen. Doch bevor ich zur Herberge zurücklaufe, genehmige ich mir zum Abschluss noch einen „Aalborger". Zurück in der DJH, falle ich müde ins Bett.

Tagesleistung Bad-Segeberg – Lauenburg:
105 Km, 7 Stunden und 25 Minuten

Lauenburg – Uelzen

Es läuft besser, als ich dachte. Nach dem Aufstehen bin ich fit. Mein Körper hat sich über Nacht prächtig erholt und meine müden Knochen spüre ich nicht mehr. Selbst mein Hinterteil bedarf keiner besonderen Behandlung, obwohl die ersten Minuten auf dem Sattel sehr gewöhnungsbedürftig sind....!

Der morgendliche Ablauf in der Herberge und meine Startvorbereitungen werden langsam zur Routine. Heute bin ich früh dran. Ich schwinge mich auf meinen Drahtesel und los geht es.

Gleich hinter der Herberge fällt das Gelände zur Elbe hin steil ab. Auf den ersten Metern muss ich mein Fahrrad schieben. Dann steige ich auf und fahre zum Fluss hinunter. Das Wetter ist gut und es sieht ganz danach aus, dass es so bleiben wird. Auf dem parallel zur Elbe gelegenen Radweg komme ich schnell voran. Die Elbbrücke, auf deren Südseite der nördlichste Zipfel Niedersachsens liegt, erreiche ich in nur wenigen Minuten.

Der Ort Hohnsdorf liegt schon im Landkreis Lüneburg. Von hier aus geht es auf dem Elbdeich und dem „Elbe-Radweg", der zugleich der N 13 – Holland-Heide-Radweg" ist, weiter Richtung Scharnebeck.

Schon von weitem erkenne ich das bekannte Schiffshebewerk, in dem gerade ein Frachtschiff 38 Meter in die Höhe gehoben wird, um seine Fahrt nach Süden fortzusetzen. Der Hebevorgang dauert drei Minuten und wird von vielen interessierten Zuschauern beobachtet. Dieses technische Wunderwerk in der Nähe von Lüneburg am Elbe-Seiten-Kanal, der die Elbe mit dem Mittelland-kanal verbindet, und das zugehörige Museum sind ein beliebtes Ausflugsziel für jährlich etwa 500.000 Besucher.

Das Heben des Schiffes um 38 Meter signalisiert mir überdeutlich, dass ich mich selbst auch auf einen Anstieg zur Weiterfahrt Richtung Süden einstellen muss. Es wird nicht mehr lange dauern, bis die ersten Ausläufer der nördlichsten Mittelgebirge mir im Weg stehen. Tatsächlich geht es nach dem Passieren des Hebewerks zunächst bergauf und dann auf einem sehr schönen Radweg weiter in Richtung Lüneburg. Deren sehenswerte Innenstadt streife ich nur am Rande und fahre ohne Zwischenstopp weiter. Diese wunderschöne Stadt kenne ich schon recht gut von unserem Vorjahresurlaub. Südlich von Lüneburg folge ich über weite Strecken dem „Ilmenau-Radweg". Auf seinem ersten Abschnitt führt dieser sehr schöne, naturbelassene, aber feste Weg lange Zeit durch ein Waldgebiet.

In Deutsch Evern stille ich Durst und Hunger. Als Tagesziel habe ich mir Uelzen und die dortige Jugendherberge vorgenommen. Zuvor durchfahre ich die im Landkreis Uelzen liegenden Orte Bienenbüttel und Bad Bevensen. Kurz danach komme ich wieder an den Elbe-Seiten-Kanal, den ich auf meiner Weiterfahrt nach Uelzen zwei- bis dreimal queren muss.

Endlose, landschaftlich langweilige, keine Abwechslung bietende, auf Schotterwegen zu durchfahrende Weiten, erwarten mich. Ich bin froh, als ich die am Rande der Lüneburger Heide gelegene Heidestadt Uelzen erreiche. Hier fällt mir sofort die markante Backsteingotik, und mehr noch die dominierende Fachwerkarchitektur auf. Nicht entgehen lassen will ich mir den sehenswerten, von dem bekannten Künstler Friedensreich Hundertwasser im Jahr 2000 umgestalteten und nach ihm benannten „Hundertwasserbahnhof". Er soll zu den schönsten der Welt zählen. Mich beeindruckt diese spielerisch-interessante und bunte Architektur, bevor ich weiterfahre und die vor der Stadt liegende Jugendherberge „Am Fischerhof 1" erreiche.

Ich freue mich schon auf meinen „Feierabend", als ich an der Rezeption erfahre, dass hier alle Zimmer belegt sind. Enttäuscht und mit dieser Auskunft schon abfindend will ich mich auf den Weg zu einem Hotel in der Innenstadt machen, als der

Herbergsleiter erscheint und mich mitleidig ansieht. Ich muss wohl ziemlich abgekämpft ausgesehen haben, als er mir ein Notquartier im Kellergeschoss anbietet. Bevor ich antworte, steigt er mit mir hinab ins Untergeschoss und zeigt mir dort den Tischtennisraum. Diesen will er für ein Notquartier herrichten. Ich nehme sein Angebot dankend an und bin ihm beim Aufbau meines „Bettes" behilflich. Hierzu schieben wir zwei Bänke zusammen, er schleppt eine Matratze herbei und fertig ist mein Nachtlager.

Mit Bettzeug ausstatten muss ich mein „Hilfsbett" in Eigenregie, aber das kenne ich ja schon. Diese Prozedur ist in jeder Herberge üblich. Gleich nebenan in einem kleinen Raum befinden sich Dusche und Toilette und ich spüre fast so etwas wie Komfort. Trotzdem muss ich diese Idylle der Nachwelt erhalten und erst einmal einige Fotos machen.

Nach der Dusche geht es mit dem Fahrrad Richtung Innenstadt.

Durch den Anblick der schönen Altstadthäuser werde ich mehr als erwartet für meine heutigen Strapazen und Entbehrungen entschädigt. Erst jetzt bekomme ich intensiv die einzigartige Fachwerkparade zu sehen. Auch erkenne ich an mehreren Stellen deutliche Hinweise auf den

Künstler Hundertwasser, der dieser Stadt seinen Stempel aufgedrückt und das Stadtbild geprägt hat.

In einem Biergarten lasse ich den Tag ausklingen. Gegen 22:00 Uhr fahre ich zurück zur Herberge, beziehe meine Kellersuite und liege eine halbe Stunde später auf meinem Nachtlager.

Tagesleistung Lauenburg – Uelzen:
80 Km, 05 Stunden und 50 Minuten

Uelzen - Celle

Am nächsten Morgen erreiche ich bereits um 08:15 Uhr den „Ilmenau-Radweg". Von Uelzen aus fahre ich über die Orte Holdenstedt, Holxen, Suderburg bis Hösseringen.

Im Landkreis Celle geht es auf unbefestigten Wegen durch den Wald bis Breitenhees. Hier wird der Radweg wieder sehr schön. Er führt zwar parallel zu der viel befahrenen Bundesstraße 191, ist aber sehr gut zu fahren.

In Eschede verspüre ich Lust auf Kaffee und Kuchen, obwohl ich mir schon unterwegs zwei halbe Forellenbrötchen genehmigt hatte. An diesem Ort werde ich an das schreckliche ICE-Unglück erinnert. Vor Jahren hatte es viele Reisende in den Tod gerissen oder schwer verletzt.

Das Landschaftsbild wechselt, und ich bin inmitten der Heideregion. Sie ist geprägt von Kartoffelfeldern, Bauerndörfern in historischen Siedlungsformen, Schafställen und dichten Kiefernwäldern. Überall sind die Kartoffelbauern bei der Ernte.

Bis Celle ändert sich dieses Bild nicht. Die dortige Jugendherberge in der „Weghausstraße 2" erreiche ich um 15:15 Uhr. Meine frühe Ankunft und mein

Glück, dort wieder ein freies Bett vorzufinden, will ich zu einem erholsamen Mittagsschläfchen nutzen.

In meinem Zimmer stehen 3 Etagenbetten. Unter einem der unteren Betten befindet sich zusätzlich noch ein Kinderbett auf Rollen. Es erinnert mich an meine Kindheit und an mein wegen seines Aussehens „Zigarrenkiste" genanntes Kinderbett. Es erfüllte seinerzeit den gleichen platzsparenden Zweck, in dem es tagsüber unter ein anderes Bett geschoben wurde.

Im Zimmer ist es warm, und ich lasse das Oberlicht meines Fensters geöffnet. Obwohl mich der von draußen in mein Zimmer drängende Lärm fußballspielender Kinder eigentlich am Einschlafen hindern müsste, schlafe ich schnell ein.

Plötzlich schrecke ich fast zu Tode erschrocken hoch, als das über dem Fenster angebrachte Gardinenbrett samt Vorhängen mit ohrenbetäubendem Lärm auf den Fußboden fällt, und ein Fußball hinterherspringt. Ich bin hellwach und mir ist schnell klar, dass ein zufälliger Meisterschuss einer der Jugendlichen, die sich draußen vor meinem Fenster wegen dieses „Tores" totlachen, der Grund dafür ist, dass jetzt an Mittagsschlaf nicht mehr zu denken ist. Ich werfe den Jungs ihren Ball wieder zu, das Spiel geht weiter, und ich bin damit beschäftigt, das Gardinenbrett samt Vorhängen wieder an seinen normalen Platz zu bringen und dort zu befestigen.

Später begebe ich mich auf einen Rundgang durch Celle. Die an der Aller gelegene, auch das südliche Tor zur Lüneburger Heide genannte Stadt hat eine sehr schöne historische Altstadt und 400 Fachwerkhäuser, von denen das „Hoppener Haus", das wohl bekannteste und schönste sein dürfte. Der Spaziergang durch Celle entschädigt mich für den großen Schreck in der Mittagsstunde.

Tagesleistung Uelzen – Celle:
71 Km, 04 Stunden und 47 Minuten

Celle - Mardorf

Heute ändert sich meine Hauptfahrtrichtung. Ich fahre nach Südwesten. Ich will den ersten Mittelgebirgszügen ausweichen und übermorgen die Weser im nördlichen Bereich von Porta Westfalica erreichen.

Ein Blick auf meinen „Spickzettel" verrät mir den Weg zum „Aller-Radweg". Warum weiß ich nicht, aber ich folge der Ausschilderung „Allerradweg Nord". Der Weg ist erst sehr schön und führt mich unmittelbar am Fluss entlang, was ich sehr liebe. Später wird er jedoch immer enger und schlängelt sich durch einen hohen Schilfgürtel. Dann stehe vor einer Wand von Brennnesseln. Vom Radweg ist keine Spur mehr zu sehen. Vernünftigerweise müsste ich jetzt umkehren. Aber Umkehr und Aufgabe entsprechen nun nicht unbedingt meinem Naturell. Ich suche nach Alternativen. Nach meiner Einschätzung würde die Rückfahrt zur Hauptstraße, von der ich auf diesen „Radweg" abgebogen bin, einen gewaltigen Umweg bedeuten. Den damit verbundenen erheblichen Zeitverlust will ich vermeiden. Ich muss mich entscheiden.

In der Ferne höre ich die von der Hauptstraße herüberschallenden Fahrgeräusche der vorbeifahrenden Autos. Also fahre ich los. Zuvor ziehe ich mir aber noch meine langärmelige Jacke an, um unbeschadet durch die Brennnesselwand zu kommen. Als dieses Hindernis geschafft ist, stehe ich vor einem in den Wald führenden Trampelpfad. Zuversichtlich, doch noch auf den richtigen Weg zurückzukehren, schiebe ich mein Fahrrad in Richtung Hauptstraße, immer noch Fahrradspuren auf diesem Weg entdeckend. Offensichtlich sind auch schon andere Radfahrer in diese Falle getappt.

Dann aber geht rein gar nichts mehr. Mich erwarten nur noch herumliegendes Gestrüpp und umgefallene Bäume. Um überhaupt weiterzukommen, muss ich mein Fahrrad samt Gepäck über diese natürlichen Hindernisse heben. Ein Durchkommen ist fast unmöglich und ich beginne wie ein Rohrspatz zu fluchen.

Kurze Zeit später entdecke ich einen Arbeitsweg. Ihm folge ich, mein Rad über den sandigen Heideboden schiebend. Endlich, nach einigen hundert Metern erreiche ich die Hauptstraße. Von jetzt an nehme ich mir fest vor, in Zukunft nicht mehr so dickköpfig zu sein, und mehr Vernunft walten zu lassen. Auch der Ausschilderung der Radwege will ich noch mehr als bisher Aufmerksamkeit schenken. Aber das ist leichter gesagt als getan. Als Alleinreisender übersieht man schnell ein Hinweisschild, wenn man nicht nur auf den Radweg starren sondern sich auch die schöne Landschaft anschauen will.

Für meine Weiterfahrt bieten sich die Radwege „Aller" und „LHEI" an. Aber ich habe ja meinen Spickzettel und will mich bewusst nicht nur auf den vorgegebenen Routen bewegen.

Der Bau von Radfernwegen kostet Geld, das von der Allgemeinheit aufzubringen ist. Bund, Land, Kreis und Gemeinde sind hier gefordert. Die Europäische Union steuert in strukturschwachen Gebieten vermutlich auch etwas bei. Das Interesse zum Bau von Radwegen liegt also nicht nur bei den späteren Benutzern. Hier wird Geld in eine Infrastruktur investiert, um die ortsansässige Wirtschaft zu unterstützen. Radwege werden also aus touristisch-wirtschaftlichen, infrastruktur- und umweltpolitischen Gründen angelegt. Da liegt es auf der Hand, dass die überregionalen Fernradwege oftmals durch jeden kleinen Ort führen. Die Benutzer dieser Radwege werden also mehr oder weniger „gezwungen", Umwege zu fahren, ob sie wollen oder nicht. Das ist verständlich, oftmals aber sehr ärgerlich.

Fernreisenden Radfahrern, die ein zügiges Vorwärtskommen bevorzugen, ist die Benutzung dieser Radwege daher nur mit Einschränkung zu empfehlen. Nach meiner Erfahrung ist es zweckmäßig, sich bereits vor Antritt einer Radtour mit den Streckenplänen vertraut zu machen und nach Alternativen zu suchen.

In einem kleinen Ort des Heidekreises, zwischen Winsen (Aller) und Schwarmstedt kehre ich in ein kleines, aber nettes Café ein, um mich ein wenig bei Kaffee und Kuchen zu erholen. Dann geht's weiter in die Region Hannover.

Als ich an einer großen Wiese vorbeikomme sehe ich hunderte von Traktoren, die sich dort zur Vorbereitung auf ein Rennen eingefunden haben. Ganz offensichtlich erwartet man ein Mordsspektakel, auf das sich alle Anwesenden schon freuen. Da mein Interesse an solchen Events nicht sonderlich ausgeprägt ist, fahre ich nach einem kurzen Stopp weiter.

Einige Zeit später beunruhigt mich ein klapperndes Geräusch. Am Schutzblech meines Vorderrades hat sich eine Mutter gelöst und selbständig gemacht. Eine notdürftige Reparatur ist notwendig. Ich sehe mich um und entdecke einen Mann, der in seinem Garten arbeitet. Ihn spreche ich an und bitte ihn um Unterstützung. Mit Hilfe eines Paketklebebandes, das mir dieser freundliche Mann aus seinem Gartenschuppen holt, wird das Schutzblech wieder ruhiggestellt.

Als ich Neustadt a. R. erreiche, fühle ich mich schon meinem heutigen Tagesziel Mardorf am Steinhuder Meer nahe. Von Neustadt aus sind es nur noch wenige Kilometer bis zu diesem beliebten Urlaubs- und Ausflugsgebiet.

Das vor den Toren Hannovers liegende „Meer" ist mit seinen 32 Quadratkilometern der größte See Norddeutschlands und ein Naherholungszentrum für die gestressten Großstadtbewohner.

Bevor ich das am Nordufer zwischen dem Moor im Osten und den Meerbruchwiesen im Westen gelegene Mardorf erreiche, fahre ich circa 5 Kilometer am Seeufer entlang. Von hier aus eröffnet sich gelegentlich ein Blick auf die Torfabbaugebiete.

An der Westseite des Seeufers haben sich viele Segelclubs eingerichtet. Die segelbegeisterten Mitglieder bereiten ihre Boote auf das Winterlager vor. Als interessierter Segler fällt mein Blick auf einen Typ von Segelboot, den es nur an diesem See zu bewundern gibt. Es ist ein „Auswanderer", ein über 100 Jahre alter Bootstyp. Von ihm habe ich im „Blauen Peter", der Zeitschrift des Deutschen Hochseesportverbandes Hansa (DHH), dem ich seit 1977 angehöre, gelesen. Auch der DHH betrieb hier in Mardorf bis in die frühen 80´er Jahre eine Segelschule, an der mein Sohn Ralf seinen A-Schein erwarb.

Im Biergarten der legendären „Alten Moorhütte" lasse ich mir eine Currywurst und ein kühles Bier schmecken. Kurze Zeit später erreiche ich die Jugendherberge im „Warteweg 2". Dort bietet man mir ein lichtdurchflutetes Zimmer mit Dusche, WC und Balkon mit Blick auf den See an. Was will der

Mensch noch mehr? Ich fühle mich wie im Urlaub. Ach was, ich bin im Urlaub!

Tagesleistung Celle – Mardorf:
80 Km, 05 Stunden und 24 Minuten

Mardorf – Rinteln

Mein Start um 08:15 Uhr ist fast schon Routine. Im Landkreis Nienburg (Weser) geht es über Rehburg-Loccum weiter nach Westen Richtung Weser. Auf der Fahrt dorthin verfahre ich mich einige Male, weil ich für dieses Gebiet keine Radwanderkarte dabeihabe. Irgendwo hier in der Nähe geht es über die Landesgrenze nach Nordrhein-Westfalen in den Regierungsbezirk Detmold. Als ich im Landkreis Minden-Lübbecke die Weser erreiche, muss ich sie auch schon bald wieder verlassen. Kurz vor Minden verfahre ich mich erneut. Statt auf dem „Weser-Radweg" weiter zu fahren, folge ich gedankenverloren der Ausschilderung „Weser-Land-Radweg" und komme durch meine eigene Dummheit immer weiter von der Weser weg. Also geht´s zurück.

In Minden verlässt die Weser das Weserbergland und fließt in die Norddeutsche Tiefebene. Minden ist bekannt für seinen Dom, einem wichtigen architektonischen Wahrzeichen, und zahlreiche Bauten der Weserrenaissance. Interessant ist auch das in einem Bauwerk befindliche Wasserstraßenkreuz, in dem sich Weser und Mittelandkanal kreuzen.

Bei der Einfahrt in die Stadt wird für mich nicht erkennbar, wie und wo ich fahren soll. Zunächst sehe ich überall nur Brücken und Schleusen. Schließlich entdecke ich doch noch ein Hinweisschild und den richtigen Weg nach Porta Westfalica, wo mich ein sehr schöner, weseraufwärts führender Radweg erwartet.

Etwas irritiert muss ich ausgesehen haben, als ich ein gelbes Ortsschild mit der Aufschrift „Porta Westfalica" lese. Eine Stadt, ein Ort der so heißt? Bisher war ich der Auffassung, dass dieser Name lateinischen Ursprungs ins Deutsche übersetzt so viel heißt wie „Westfälische Pforte", „Eingangspforte Westfalens" o. ä. Tatsächlich wird primär dieser geographische Abschnitt des Durchbruchstals, in dem die Weser zwischen Wiehengebirge und Wesergebirge in die Norddeutsche Tiefebene „durchbricht", mit „Porta Westfalica" bezeichnet. Davon abgeleitet erhielt die dieses Tal umfassende Stadtgemeinde den gleichen Namen.

An einem schönen, an meiner Wegstrecke liegenden Ort mit einer gemütlichen Gaststätte und Biergarten kehre ich ein und bestelle mir eine Bratwurst mit Sauerkraut und Kartoffelmus. Passend dazu trinke ich ein kühles Bier. Hier könnte ich noch einige Zeit verweilen, doch ich muss weiter.

Ursprünglich hatte ich Porta Westfalica als Tagesziel eingeplant. Für eine Einkehr in die dortige Herberge ist es jedoch noch zu früh. Deshalb entscheide ich mich für die Weiterfahrt nach Rinteln und erreiche nach kurzer Wegstrecke den niedersächsischen Landkreis Schaumburg.

Zunächst ist auch hier nicht erkennbar, auf welcher Seite der Weser ich fahren muss. Wahrscheinlich sind auf beiden Seiten Radwege angelegt. Bei meinem Blick in die Karte überholt mich eine junge Radfahrerin. Ich stoppe sie und frage sie nach dem Weg nach Rinteln. Sie kennt sich offensichtlich in dieser Gegend nicht gut aus, denn sie weiß nicht, wo Rinteln liegt. Dennoch empfiehlt sie mir, auf dem Weserradweg, auf dem ich mich jetzt befinde, zu bleiben, weil dieser alle bekannten Orte an der Weser miteinander verbindet. Sie selbst wolle bis zu dem 15 Km entfernten Bad Oeynhausen und von dort wieder zurückfahren. Das ist ihre Hausstrecke, auf der sie am besten vom Alltag abschalten kann. Sie erzählt mir, dass sie in Minden wohnt und in Bielefeld studiert. Aus ihrem guten Deutsch höre ich einen leichten osteuropäischen Akzent heraus. Ich frage sie nach ihrer Herkunft und erfahre, dass sie in Sibirien geboren und aufgewachsen ist und nach dem Abitur nach Deutschland kam, um hier Germanistik zu studieren. Hier will sie auch später nach Möglichkeit arbeiten.

Gemeinsam fahren wir bis Bad Oeynhausen und haben uns viel zu erzählen. Dort trennen sich unsere Wege. Als wir uns verabschieden fragt sie mich noch, wo ich denn heute übernachten würde. Ich schlucke die auf meiner Zunge liegende Antwort herunter und stammele „vermutlich in Rinteln". Fröhlich schwingt sie sich auf ihr Fahrrad und fährt zurück nach Minden, ich radle weiter meinem Tagesziel entgegen.

Nachdem ich Bad Oeynhausen passiert habe, ist die Landschaft nicht mehr so reizvoll, der Radweg aber nach wie vor gut. Ich spüre deutlich, dass ich mich im Weserbergland befinde. Es geht bergauf und bergab. Auf einer kurzen Wegstrecke bin ich wieder im Regierungsbezirk Detmold und damit im Land Nordrhein-Westfalen. Mit einem kleinen Zipfel berührt der Kreis Herford hier die Weser. In ihm liegt die Gemeinde Vlotho/Uffeln.

Gegen 15:00 Uhr erreiche ich Rinteln. Die Rezeption der Jugendherberge ist erst ab 17:00 Uhr besetzt. Ich nutze die Zeit und verschaffe mir einen ersten Eindruck von dieser ehemaligen Universitäts- und Festungsstadt.

Von der Jugendherberge in die Altstadt sind es nur wenige hundert Meter. Dort gönne ich mir eine Auszeit und lasse mir eine heiße Waffel mit Kirschen und Schlagsahne schmecken. Dazu gibt es noch ein Kännchen Kaffee.

Um 17:00 Uhr stehe ich wieder vor der Rezeption. Neben mir drei weitere Gäste, die soeben angereist sind. Zu viert beziehen wir die ansonsten leere Herberge. Nach den schon zur Routine gewordenen Abläufen starte ich erneut Richtung Altstadt. Am Marktplatz bewundere ich die interessanten Giebel, Erker, Ornamente und Gesimse an den schönen historischen Fachwerkhäusern und genieße das dortige Flair. Rinteln gefällt mir gut. Mit seiner sehr schönen Altstadt ist es ein Kleinod der prächtigen Weser-Renaissance.

Tagesleistung Mardorf – Rinteln:
97 Km, 06 Stunden und 20 Minuten

Rinteln – Holzminden

Nach dem Frühstück unterhalte ich mich mit dem Leiter der Herberge. Bei nur vier Gästen in seinem Haus hat er viel Zeit. Stress kommt dabei nicht auf. Er fragt mich nach meinem „woher" und „wohin", und als ich ihm das Ziel meiner Radtour verrate, höre ich den mir schon bekannten Satz: „Oh, da haben Sie aber noch ein ganzes Stück vor sich".

Er fragt nach meinen Plänen für die Weiterfahrt und ich erkläre ihm anhand meiner Karten meine Pläne. Er rät mir zu einem anderen Weg und weil ich davon ausgehe, dass er sich in dieser Gegend gut auskennt, folge ich seinem Rat. Wie sich später herausstellte war dies ein Fehler. Vielleicht habe ich ihn auch nur missverstanden. Jedenfalls verfahre ich mich gründlich, auch weil ich für die empfohlene Strecke keine passende Karte besitze. Schließlich lande ich auf einem Feld und kurz darauf auf einer gemähten Wiese, die wegen ihres festen Untergrundes jedoch noch einigermaßen gut zu befahren ist.

Der Weg über dieses Feld scheint kein Ende zu nehmen und ich entscheide mich zur Umkehr. Nach einiger Zeit finde ich zurück auf den mir empfohlenen Radweg. Ihm folge ich viele Kilometer.

Obwohl mir mein Orientierungssinn signalisiert, dass ich mich immer mehr von der Weser wegbewege, fahre ich weiter in die falsche Richtung. Es vergeht viel Zeit bis zum Erreichen des nächsten Wegweisers. Der verrät mir, in Richtung Bad Pyrmont unterwegs zu sein.

Als mir die Sache langsam spanisch vorkommt, habe ich mich fast bis zur Höhe einer Hügelkette hinauf gequält. Hinter dieser vermute ich einen Weserbogen. Weit und breit ist kein Mensch zu sehen, den ich nach dem richtigen Weg fragen könnte. Fast schon oben auf der Bergkette angekommen, höre ich aus einem im Vorgarten eines Gehöftes stehenden Gerätehauses Arbeitsgeräusche. Ich steige vom Fahrrad ab und frage den dort werkelnden Mann nach dem Weg zur Weser. Er rät mir zur Umkehr. Seiner Meinung nach sollte ich den gleichen Weg wieder zurückfahren.

Doch wie schon gesagt, Umkehr ist nicht unbedingt mein Ding. Würde ich seinem Vorschlag folgen, wäre meine Mühe, den Berg hinauf zu kommen, umsonst gewesen. Ich frage ihn nach Alternativen. Er empfiehlt mir, meinem jetzigen Weg noch ca. 100 – 200 Meter bergauf zu folgen, und dort oben über einen Waldweg zur Weser hinab zu fahren. Genau das wollte ich hören. Also lag ich mit meiner vermuteten Weserschleife doch nicht so verkehrt, auch ohne Karte. Mir scheint dieser Vorschlag die bessere Alternative zu sein.

Kurze Zeit später komme ich durch einen sehr schönen Wald, an dessen Ende ich eine grandiose Aussicht über das Weserbergland und das Wesertal im Landkreis Hameln-Pyrmont genieße. Getrübt wird dieses schöne Bild nur durch den Anblick eines großen Kühlturms des unmittelbar am Weserufer gelegenen Atomkraftwerks Grohnde.

Nach kurzem Halt bereite ich mich auf eine sehr steile Abfahrt vor. Vor mir liegt ein schlecht zu befahrender Schotterweg. Er ist für eine zügige Abfahrt ungeeignet. Um nicht zu schnell zu werden, muss ich ständig bremsen. Plötzlich rieche ich verbranntes Fett. Ein Blick nach hinten verrät mir, dass dort gerade die Hinterradnabe meines Fahrrades heiß läuft. Kleine Rauchwolken lösen sich von der Hinterradnabe. Ich steige ab und warte, bis diese abgekühlt ist. Bloß kein Risiko eingehen. Bei meiner Weiterfahrt nehme ich meine Handbremse zur Hilfe.

Im Tal angekommen erkenne ich ein Verkehrsschild nach Grohnde. Auf dem mir empfohlenen, parallel zur Straße verlaufenden Radweg habe ich gerade mal einige hundert Meter zurückgelegt, als ich einen Plattfuß am Hinterrad bemerke. Das ist sehr ärgerlich, aber es nützt nichts, ich muss etwas unternehmen.

Ohne lange zu überlegen, nehme ich das Gepäck vom Fahrrad, stelle es auf den Kopf, also auf Lenker und Sattel, nehme das Hinterrad aus der Gabel, ziehe den Mantel ab und den Schlauch heraus. Der Übeltäter ist schnell entdeckt. Es ist ein spitzer Stein, den ich mir wohl auf dem gerade befahrenen Schotterweg eingefangen habe. Er steckt in der Mitte der Manteldecke auf der Lauffläche. Nachdem ich ihn entfernt habe, untersuche ich den Mantel von außen und innen auf weitere „Schädlinge", flicke den Schlauch und beende meine Reparatur in umgekehrter Reihenfolge.

Weiter geht's, vorbei am Atomkraftwerk. In einem großen Bogen und weitem Umweg führt mich der Radweg um das mit mehreren hohen Stacheldrahtzäunen, Scheinwerfern, Fernsehkameras und Bewegungsmeldern gesicherte Kraftwerksgelände herum. Es ist ein bedrückender Anblick, bei dem ich mir die Frage stelle, welche Infrastruktur zur Erzeugung der von uns so dringend benötigten Energie wohl hässlicher aussieht, die überall aus dem Boden wachsenden Windenergieanlagen oder die Atomkraftwerke mit ihren hohen Kühltürmen. Hier stehen sie zusammen mit dem Druckbehältergebäude auf einem mit Stacheldraht eingezäunten Gelände, das mich an die schrecklichen Grenzsicherungsanlagen der untergegangenen DDR erinnert. Ich bin froh, als dieses Gelände hinter mir liegt.

Im nächsten Ort sehe ich unweit des Radweges einen Supermarkt. Dort kaufe ich mir eine Flasche Wasser und stelle fest, dass ich viel zu wenig trinke. Ich muss aufpassen, keinen Fehler zu machen.

Auf meiner Weiterfahrt erreiche den Landkreis Holzminden. In Bodenwerder, dem Heimatort des Lügenbarons von Münchhausen verspüre ich Hunger und bestelle mir an einem Imbisstand ein Wiener Würstchen mit Kartoffelsalat. Meinen Durst stille ich mit einem kühlen Bier. Frisch gestärkt und frohen Mutes geht es weiter weseraufwärts. Um 17:30 Uhr erreiche ich in der idyllischen Kleinstadt Holzminden die dortige Jugendherberge Am Steinhof.

Tagesleistung Rinteln – Holzminden:
98 Km, 06 Stunden und 26 Minuten

Holzminden – Kassel

In der Nacht hatte sich das Wetter geändert. Es hat stark geregnet und sich spürbar abgekühlt. Mit einem derartigen Wetterwechsel kündigt sich der Herbst an.

Um 08:15 Uhr sitze ich wieder auf meinem Fahrrad. Die Luft ist klar und rein. Das ist sehr angenehm und dieses Wetter ist zum Radfahren bestens geeignet. Die Wolken hängen tief und verheißen nichts Gutes. Als Tagesziel habe ich mir Hannoversch-Münden vorgenommen.

Zügig trete ich in die Pedale und komme auch gut voran, immer an der Weser entlang. Mit mir ziehen die Wolken in die gleiche Richtung. Hin und wieder schaue ich mich um, denn die Wolkendecke wird dunkler und dunkler. Einige dieser tiefschwarzen Dinger sehen sehr bedrohlich aus. Die Weserberge werden von Regenschleiern umhüllt, und die heranziehenden Regenschauer versuchen mich einzuholen. Wer ist schneller? Ich erhöhe meine Trittfrequenz, doch es nützt nichts. Gleich wird es kräftig regnen. Also anhalten und schnell rein in Regenjacke und Hose. Auch die Gepäcktaschen sind noch mit den Schutzhüllen zu überziehen. Kaum bin ich damit fertig, öffnet der Himmel seine Pforten. Nach einigen heftigen Schauern von ca. 10 Minuten Dauer ist der Spuk vorbei und ich entblättere mich wieder. Eine grundlegende Wetterbesserung erwarte ich jedoch nicht. Tatsächlich wiederholt sich dieses Spiel in regelmäßigen Abständen, nur die Regenschauer werden immer heftiger.

Mitleidig werde ich von den mir entgegenkommenden Radfahrern angeschaut. Im Gegensatz zu mir sind sie perfekt ausgestattet und wettermäßig richtig gut angezogen. Ihnen kann der Regen nicht viel anhaben. Ich darf und will mich aber nicht beklagen, denn ich habe es ja so gewollt. In meiner Jugendzeit gab es noch keine Funktionsbekleidung. Trotzdem bin ich froh und glücklich, es auch mit diesen behelfsmäßigen Mitteln und meinem alten Drahtesel schon soweit geschafft zu haben.

Meine Motivation ist ungebrochen und ich spüre deutlich, wie meine Kondition von Tag zu Tag besser wird. So schnell kann mich jetzt nichts mehr aus der Bahn werfen. Ich spüre die Kraft in meinen Beinen und nehme mir vor, diese Fitness nach Beendigung meiner Radtour erhalten zu wollen, wenn mich der Alltag wieder fest im Griff hat.

Kaum dass ich diese Gedanken zu Ende gedacht habe, nähert sich von hinten aufkommend sehr schnell eine Gruppe von sechs jüngeren Frauen. Beim Anblick ihrer modernen, supertoll ausgestatteten Fahrräder und ihres Outfits, insbesondere aber ihres Fahrstils sehe ich sofort, dass sie solche Touren öfters machen. Sehr routiniert und gleichmäßig schnell tretend fahren sie Rad an Rad dicht hintereinander. Ein schönes Bild. Mich packt der Ehrgeiz, das relativ hohe Tempo dieser Gruppe mit meinem Oldtimer mitzuhalten. Ohne moderne Technik, allein mit meiner Kraft schaffe ich dieses über viele Kilometer. Auf einer langen Geraden, ohne Steigung und Gefälle, ziehe ich an ihnen vorbei. „Wieder einer ohne Helm" höre ich noch eine von ihnen sagen, als ich mich schon wie ein Sieger fühle. Doch nicht lange, dann werde ich eines Besseren belehrt. Die nächste Steigung kommt und die Gruppe zieht so zügig an mir vorbei, dass ich in diesem Moment sicher alt aussehe.

Erstaunlich, was diese modernen Räder leisten. Da kann ich mit meiner 3-Gang-Nabenschaltung nicht mehr mithalten, ganz abgesehen von meinem Outfit. Aber darauf kommt es auch nicht an. Ich habe viel Spaß auf meiner Tour, erfreue mich meiner Fitness und genieße das Leben und das ist die Hauptsache.

Im Kreis Höxter, in der Nähe von Beverungen, befinde ich mich für kurze Zeit im östlichsten Landesteil von Nordrhein-Westfalen, bevor ich erneut nach Niedersachsen komme. Nach kurzer Wegstrecke im Landkreis Northeim erreiche ich bei Bodenfelde das Bundesland Hessen und setze dort im Landkreis Kassel meine Fahrt nach Süden fort.

Radfahren macht hungrig. Als ich an einem Campingplatz vorbeikomme, kehre ich in die dortige

Gaswirtschaft ein, esse ein Wurst- und ein Käsebrot und trinke ein Bier. Danach geht´s weiter. Nur keine Müdigkeit aufkommen lassen.

Ich muss viel trinken, doch ich habe kein Wasser mehr und heute sind die Geschäfte geschlossen. So pflücke ich mir, wie schon an den Vortagen praktiziert, von den am Wegesrand stehenden Obstbäumen, deren Äste bis an den Radweg reichen, einige Äpfel ab. Sie löschen den größten Durst.

In Hannoversch-Münden gießt es in Strömen. Ich bin durchgefroren und verspüre keine Lust, hier eine Pause zu machen. Um mich herum ist alles grau in grau. Bei diesem Wetter macht eine Stadtbesichtigung keinen Spaß. Außerdem ist es noch zu früh für eine Einkehr in die Herberge.

Mein Blick fällt auf ein Hinweisschild. Danach sind es bis Kassel noch 28 Km. Die paar Kilometer sind heute noch zu schaffen, sage ich mir und entschließe mich, auch von der Neugier auf das Tal der Fulda getrieben, zur Weiterfahrt bis Kassel.

Ab Hannoversch-Münden ist der „Fulda-Radweg" identisch mit dem Hessischen Fernradweg „R1". Ich bin erstaunt, wie breit die Fulda an manchen Stellen ist. Das hatte ich nicht erwartet.

In der Nähe von Bad Karlshafen erreiche ich Hessen, das vierte Bundesland auf meiner Reise. Die Strecke ist schön. Sehr viele gut zu befahrende

Naturwege erwarten mich. Aber auch Schotterwege, die jedoch problemlos zu fahren sind.

Immer wieder muss ich rein in die Regenkleidung und später wieder raus. Lange halte ich es wegen der Kondenswasserbildung in meiner billigen Kleidung nicht aus, das nervt.

Ziemlich geschafft erreiche ich die in der Mitte Deutschlands und Europas liegende, auch durch die „Documenta" bekannte Großstadt Kassel. Ich friere und halte dies für kein gutes Zeichen. Hatte ich mir heute zu viel zugemutet oder mich gar übernommen? Vielleicht habe ich auch nur zu viele Kalorien verbraucht. Auch ist die Tagesform nicht an jedem Tag dieselbe.

Um mir von vornherein unnötige, demotivierende Umwege zu ersparen, frage ich schon am Stadtrand nach der Jugendherberge. Man empfiehlt mir, zunächst Richtung Innenstadt zu fahren und dort noch einmal nachzufragen. Später werde ich von einem jungen Mann auf den Radweg R1, auf dem ich mich ohnehin schon befinde, verwiesen. Seiner Meinung nach soll ich diesen weiter entlangfahren, um dann zwangsläufig auf die Jugendherberge zu stoßen. Seine Empfehlung scheint mir schlüssig und überzeugend zu sein. Doch so sehr ich mich auch bemühe, eine DJH auszumachen oder ein Hinweisschild zu entdecken, ist von dieser weit und breit nichts zu sehen.

Irgendwann habe ich den Eindruck, schon weit außerhalb der Vorstadt zu sein. Hat man mich verschaukelt? Zweifel an der Richtigkeit der Ortsangabe sind jedenfalls angebracht. Also frage ich wieder nach. Dieses Mal ein Ehepaar, das mir übereinstimmend den Rat gibt, zunächst durch die Karlsaue, vorbei an der 400 m südlich des Stadtschlosses gelegenen Orangerie zum Königsplatz und von dort aus Richtung Kölnische Straße zu radeln. Dort in der Nähe würde ich die DJH finden. Ein hinzukommender freundlicher Herr bestätigt diese Angaben, empfiehlt mir aber einen anderen Weg dorthin. Also schwinge ich meine müden Knochen wieder über den Sattel und trete in die Pedale.

Schnell erreiche ich die Orangerie. Von dort aus geht es weiter Richtung Königsplatz. Der liegt jedoch nicht da, wo ich ihn vermute. Eine vor mir liegende vierspurige Straße kann ich nicht überqueren. An ihr muss ich erst ca. einen Kilometer entlangfahren, bis ich an einer Ampel die Straße queren und zurückfahren kann. Ein türkisches Ehepaar nach dem Königsplatz befragt, zeigt in die grobe Richtung und empfiehlt mir die Querung der vierspurigen Straße bei einer Unterführung. Dummerweise hatte ich diese zuvor nicht gesehen.

Um mir weitere Umwege zu ersparen, frage ich auf dem Weg zum Königsplatz noch zweimal nach, bevor ich diesen erreiche und dort auch schnell den Anfang der Kölnischen Straße finde. Von hier aus geht es bergauf. Vergeblich halte nach einem Hinweisschild auf die DJH Ausschau. Warum sind die Jugendherbergen nur so schlecht ausgeschildert? Wieder frage ich einen Passanten nach dem Weg dorthin. Ein älterer Herr erklärt mir sehr präzise den Weg zur Herberge, die ich dann endlich nach wenigen hundert Metern erreiche.

Die DJH in der Schenkendorfstraße 18 macht einen guten Eindruck. Ich bin unendlich froh, es geschafft zu haben und beziehe mein Zimmer. Nach dem üblichen Ritual Auspacken, Bett beziehen, Anfertigung meiner Reisenotizen, Duschen und einem Nickerchen zur Entspannung, drehe ich im Haus eine Runde, um diese schöne Herberge näher kennenzulernen.

Vor dem Haupteingang trifft gerade eine junge Frau in perfektem Radfahrer-Outfit und mit einem modernen, supertoll ausgestatteten Fahrrad ein. Sie fragt mich nach dem „woher" und „wohin" und ist erstaunt über meine 118 Km, die ich heute mit meiner uralt-Gurke geschafft habe. Sie hat ihre Radtour am gleichen Tag wie ich in Tübingen begonnen und will zu ihrem Studienort nach Kiel. Ich bewundere ihren Mut und sie versichert mir glaubwürdig, dass solche Touren für sie kein Problem seien. Sie fährt gerne Fahrrad und hat schon mehrere größere Touren dieser Art unternommen. Wir tauschen noch einige Erfahrungen und Empfehlungen für die jeweils vor uns liegenden Streckenabschnitte aus und verabschieden uns mit den Wünschen für eine gute Weiterfahrt.

In einem in der Nähe zur Herberge liegenden Bistro lasse ich den Tag ausklingen mit Jägerschnitzel, Bier und Fernet Branca.

Tagesleistung Holzminden – Kassel:
118 Km, 07 Stunden und 50 Minuten

Hier in Kassel unterbreche ich meine Deutschlandradtour. Unterwegs erreichte mich die Nachricht vom plötzlichen Tod von Helmut, einem Cousin von Ute gleichen Alters. Ich bin geschockt, und meine Stimmung ist auf dem Tiefpunkt. Helmut war für uns mehr als Verwandtschaft. Mir war er ein guter Freund geworden. Über die vielen Jahre, die wir uns kannten, haben wir uns oft gesehen und gemeinsam viel Schönes erlebt. Helmut war Architekt und hatte die Pläne für den Ausbau unseres Hauses gefertigt. Wir waren ihm sehr verbunden und zu großem Dank verpflichtet. Jetzt gibt es für mich nur Eins – so schnell wie möglich zurück nach Hause.

Das neue Fahrrad

Viele Wochen vergehen und es ist Winter. Lange Zeit denke ich nicht mehr daran, meine Radtour fortzusetzen. Meine Motivation ist auf dem Nullpunkt angekommen. Sicher trägt hierzu auch die dunkle Jahreszeit bei. Aber an einer Winterdepression leide ich zum Glück nicht. Ich arbeite daran, meinen Optimismus und meine ursprüngliche Motivation zurückzugewinnen. Anfang Dezember verlässt mich das Stimmungstief und neuer Tatendrang erwacht in mir. Auslöser hierfür sind Mailanfragen von Seglerfreunden. Sie erkundigen sich nach meinen Plänen zu Segeltörns im neuen Jahr. Plötzlich bin ich wieder der Alte. Wo sollte ich im Jahr 2010 meinen urlaubsmäßigen Schwerpunkt setzen? Einen zünftigen Segeltörn in nordische Gewässer, vielleicht über Dänemark nach Schweden antreten oder meine begonnene Deutschlandradtour fortsetzen. Vielleicht wird es auch möglich sein, beide Vorhaben zu realisieren. Ich krame meine alten Pläne, Spickzettel und die Radwanderkarten heraus und bin plötzlich mittendrin im Planungsgeschehen. Fest entschlossen will ich zuallererst meine Fahrradtour fortsetzen und in Oberstdorf beenden.

Auf dem ersten Streckenabschnitt von der Ostsee bis Kassel hatte ich Honig geleckt. Alle Erinnerungen sind sofort wieder präsent.

Ein Film läuft ab. Vieles sehe ich in Gedanken vor mir. Die supertollen Fahrräder und Ausstattungen, die moderne Funktionsbekleidung, und auch all die freundlichen Radwanderer, denen ich begegnet bin. Es gibt keinen Zweifel mehr. Ich werde diese Tour fortzusetzen, jedoch mit einem neuen Fahrrad mit moderner Ausstattung. Ganz bewusst nehme ich Abschied von meiner doch etwas naiven Vorstellung, die „Neuzeit" ignorieren zu können. Den zweiten Teil der vor mir liegenden Strecke nach Oberstdorf will ich in der heutigen, modernen Radfahrerwelt erleben und sprichwörtlich „erfahren".

Das bevorstehende Weihnachtsfest begünstigt mein Vorhaben. Wenn ich in der Vergangenheit gefragt wurde, was ich mir zu Weihnachten wünschen würde, blieb meine Antwort meistens aus. Ich hatte keine Wünsche. Ich war sozusagen wunschlos glücklich. Mehr geht eigentlich nicht. Aber über eine solche Antwort ist der Fragende nicht zufrieden, schon gar nicht vor dem Weihnachtsfest.

In diesem Jahr ist alles anders. Mein Wunschzettel wird während der Phase des Recherchierens im Internet länger und länger. Dort mache ich mich schlau, was heutzutage Stand der Technik ist und worauf man achten muss, wenn man sich ein neues Fahrrad kaufen will, das bestimmten Beanspruchungsprofilen entsprechen soll.

Bald ist auch diese Planungsphase abgeschlossen. Ich fühle mich jetzt als „Experte" und gleiche mein zusätzlich erworbenes „Fachwissen" mit den Vorstellungen solcher Leute ab, die mehr vom Fahrradfahren und Radwandern verstehen als ich. Auch hier bietet das Internet unendlich viele Möglichkeiten an, sich zu informieren. Das gilt ganz besonders für die Informationen der einschlägigen Radfahrerorganisationen. Deren Entscheidungshilfen sind es wert, hoch gelobt zu werden.

Rechtzeitig zum Weihnachtsfest ist es soweit. Mein nagelneues Fahrrad steht im Hausflur und wird von der Familie bestaunt. Es wartet darauf, bewegt zu werden. Bei der Frage der Ausstattung war ich zunächst hin und her gerissen zwischen einer modernen Kettenschaltung oder der Rohloff-Nabenschaltung mit 14 Gängen. Nach einigem Hin und Her entscheide ich mich für die 14-gängige Nabenschaltung. Ausschlaggebend hierfür sind der geringe Pflegeaufwand dieser Schaltung und mein Lebensalter. Ich will keine Rennen gewinnen, sondern mir das Leben mit und auf dem Fahrrad erleichtern. Wie sich im Nachhinein herausstellt hat, war diese Entscheidung goldrichtig.

Des Weiteren gönne ich mir einen Fahrrad-Navi. Auf diesen übertrage ich mit Hilfe meines PC eine vollständige Deutschland-Radwegekarte. Das

Kennenlernen des Navis, dessen Handhabung, der Umgang mit den Karten am Computer und die Auswahl der Radwege macht so viel Spaß, dass die Vorfreude auf die Fortsetzung meiner Tour von Tag zu Tag steigt.

Als die Tage wieder länger werden und frühlingshafte Temperaturen die Lebensgeister wecken, beginnt die praktische Erprobung. Ich bin hellauf begeistert von meiner neuen Errungenschaft. Welten liegen zwischen dem, was mir bisher an Fahrradtechnik und Bekleidung zur Verfügung stand und dem was jetzt bei Wind und Wetter erprobt wird. Die Freude am Radfahren erreicht ein bis dahin nicht gekanntes Ausmaß.

Jetzt kommt es darauf an, die ursprüngliche körperliche Fitness wieder zu erreichen. Sie soll mir eine problemlose Weiterfahrt ermöglichen. Zuerst muss der Winterspeck runter. Ich beginne mit dem Training und fahre zunächst täglich 15-20 km, später werden es 30-40 km.

Mein Navi und dessen Funktionen werden ausgiebig erprobt. Seine GPS-Technik soll mich als Alleinfahrer unterstützen und aufpassen, dass ich mich nicht verfahre und mir helfen, Umwege zu vermeiden. Ich bin begeistert von dem, was dieses kleine Ding leistet. Mit Hilfe von Radwanderkarten und Reiseführern plane ich am PC den zweiten Abschnitt meiner Tour nach Süden. Zuletzt kommt es nur noch darauf an, den richtigen Startzeitpunkt zu wählen. Im Mai will ich los. Ute hat zu dieser Zeit ihren Reha-Aufenthalt in einer Klinik am Tegernsee eingeplant. Vielleicht kann ich sie dort unten noch mit dem Fahrrad besuchen, nachdem ich Oberstdorf, dem Ziel meiner Reise, erreicht habe.

Dann ist es soweit. Anhand einer auf der Grundlage meiner bisherigen Erfahrungen modifizierten Checkliste werden meine neuen, wasserdichten Gepäcktaschen gepackt. Es kann losgehen.

Um 06:00 Uhr klingelt mein Wecker. Zeit zum Aufstehen. Ute ist schon am Tegernsee. Das Außenthermometer zeigt 9 Grad Celsius an. Draußen ist es noch recht frisch aber zum Glück regnet es nicht. Im besten Radfahrer-Outfit geht's mit meinem neuen Fahrrad zum Bahnhof meines Wohnortes Meckenheim. Das erste Mal in meinem Leben trage ich einen Helm. Ute hatte in Sorge um mich und mein Wohlbefinden darum gebeten.

Der Einstieg in das Fahrradabteil des Zuges gestaltet sich schwierig, auch weil mir die Erfahrung fehlt. Fahrrad und Gepäck sind doch schwerer, als ich dachte. Beides zusammen ist schwer zu handhaben. Noch auf dem Bahnsteig muss ich die Gepäcktaschen abhängen. Außerdem verlangt die Bahn, wie ich später erfahre, vor dem Einstieg in das Abteil wegen der oftmals zu engen Eingangstüren aus Sicherheitsgründen die Trennung von Fahrrad und Gepäck.

Die Fahrtzeit von Meckenheim nach Bonn dauert 20 Minuten. Von dort aus geht es um 09:44 Uhr mit dem IC weiter nach Hagen. Wenn ich mir den Wagenstandanzeiger nicht genau angesehen hätte, wäre ich hier vermutlich in ein falsches Abteil gestiegen, weil das Fahrradabteil nicht als solches gekennzeichnet war. Vielleicht habe ich es auch nur übersehen. Bei den Regionalbahnen sind diese besonderen Abteile jedenfalls deutlich besser und mit großen Symbolen gekennzeichnet als bei den Fernzügen.

In Hagen erwartet mich eine Regionalbahn. Eine schöne Bahnstrecke liegt vor mir. Sie führt, immer an der Ruhr entlang, quer durch das Sauerland.

Über Westhofen, Schwerte, Fröndenberg, Wickede, Neheim-Hüsten, Arnsberg, Meschede, Brilon und Marsberg fährt diese Bahn bis Kassel.

Das Sauerland hier ist sehr schön. Überall sehe ich das frische Maigrün im Kontrast zu den knallgelben Rapsfeldern, die in der hin und wieder durchkommenden Sonne blendend gelb leuchten.

Über weite Strecken fährt die Bahn nur bergauf. Die schönste Strecke auf dieser Bahnlinie liegt nach meinem Geschmack vor der Station Olsberg, einer

Station vor Brilon Wald. Etwas später geht´s nur noch abwärts Richtung Kassel.

Dort erreiche ich gegen 14:00 Uhr den Hauptbahnhof. Zuallererst bringe ich das Gepäck auf den Bahnsteig, nachdem ich dieses rechtzeitig vor dem Einlaufen des Zuges in den Bahnhof vom Fahrrad genom-men hatte. Dann folgt das Fahrrad. Irgendwie verhalte ich mich noch recht ungeschickt oder ist es der Respekt vor meiner neuen Errungenschaft. Jedenfalls fehlt die Routine.

Dummerweise fange ich beim Anbringen der schweren Gepäcktaschen auf der falschen Seite des Fahrrades an. In diesem Fall auf der Seite des Fahrradständers, zu der das Fahrrad ohnehin schon mit leichter Neigung auf dem Bahnsteig steht. Dabei verlagert sich der Schwerpunkt des Fahrrades soweit, dass es umfallen will. Um dies zu verhindern greife ich reflexartig zu und ramme mir das Ende eines Hakens mit der Wirkung eines spitzen Nagels in die Fingerkuppe meines rechten Mittelfingers. Das Ergebnis ist eine tiefe und stark blutende Stichwunde.

Wie konnte das passieren, und was muss ich unternehmen, um dies künftig zu verhindern? Ich stelle fest, dass an dem Metallhaken dieses Gummistropps, mit dem ich mein Gepäck zusätzlich sichere, der Gummipuffer fehlt. Ohne diesen Schutz ist der Haken sehr scharfkantig und nicht ungefährlich. Zur Vermeidung weiterer Unfälle dieser Art umwickele ich ihn später mit Isolierband aus meiner mitgeführten Werkzeugtasche.

Man stellt sich einfach unbeholfen an, wenn die Routine fehlt. Während das Blut stark tropfend auf den Bahnsteig fällt, und ich durch ständiges Lecken am Finger versuche, dem entgegenzuwirken, fällt mir ein, dass ich schon einige Tage vor Beginn meiner Radtour das von meinem Arzt empfohlene Blutverdünnungsmittel eingenommen hatte. Es soll verhindern, dass ich auf dem zweiten Abschnitt meiner Radtour nicht die gleichen Probleme bekomme, wie nach dem ersten Teilabschnitt. Seinerzeit stellten sich circa 2-3 Wochen nach Unterbrechung meiner Tour Schmerzen im Fuß ein, die mein Orthopäde auf dortige Verdickungen zurückführte. Für meine Weiterfahrt empfahl er mir, mehr Flüssigkeit zu mir zu nehmen, um das Blut nicht zu dick werden zu lassen. Zusätzlich riet er mir zur Einnahme eines leichten Blutverdünnungsmittels. Tatsächlich habe ich danach und auch später keine derartigen Probleme mehr bekommen.

Jetzt aber stehe ich noch blutend auf dem Bahnsteig und krame mit nur einer Hand ein Pflaster aus meinem in der Lenkertasche verstauten Erste-Hilfe-Päckchen heraus. Mit blutendem Mittelfinger ist das gar nicht so einfach. Schließlich gelingt es mir, das

Pflaster stramm über die Fingerkuppe zu ziehen und festzukleben. Der Blutfluss ist vorerst gestoppt, aber der Schmerz in dieser empfindlichen Zone des Fingers bleibt mir noch eine ganze Weile erhalten.

Nachdem das Gepäck endlich am Fahrrad angebracht und festgezurrt ist, die Lenkertasche sowie Navi und Tacho angebaut sind, geht es los. Der Weg vom Hauptbahnhof zum Radweg R1 ist kein Problem. Ihn hatte ich mir noch zuhause auf dem Routenplaner meines PC angesehen und mir die Straßennamen notiert. Das war auch gut so. Auf diese Weise erreiche ich in relativ kurzer Zeit den Königsplatz, fahre an den dortigen Haupteinkaufsstraßen vorbei und bin bald auf dem Radweg R1. Hier aktiviere ich mein Navi, von dem ich mir eine sinnvolle Unterstützung auf meiner Weiterfahrt nach Süden erhoffe. Noch zuhause hatte ich ab diesem Wegepunkt in Kassel die Gesamtstrecke bis nach Oberstdorf am PC bearbeitet und auf mein Navi überspielt.

Kassel – Melsungen

Eigentlich wollte ich es am ersten Tag meiner Weiterfahrt langsam angehen lassen. Aber alles läuft so perfekt, und ich fühle mich so gut, dass ich mich entschließe, heute noch bis Melsungen zu fahren. Dorthin sind es 34 Kilometer auf dem Radweg R 1.

Das Wetter spielt mit, und die Verhältnisse sind geradezu ideal, um kräftig in die Pedale zu treten. Hinderlich ist nur der Schmerz in der Fingerkuppe. Ich spüre, dass meine Handlungsfähigkeit eingeschränkt ist. Obwohl ich ersatzweise den Zeigefinger zum Einsatz bringe, findet der Mittelfinger nicht die Ruhe, um die Blutung endgültig zum Stillstand zu bringen. Ich muss das Pflaster an diesem Tag ab und zu erneuern.

Frische Luft zum Durchatmen und kein Regen, was will der Mensch noch mehr. Der Radweg an der Fulda entlang ist sehr schön. Hin und wieder ist eine steile Bergstrecke zu überwinden, aber insgesamt stellt dies, auch mit meinem vielen Gepäck am Fahrrad, kein größeres Problem dar. Mein Weg führt mich über Fuldabrück und Guxhagen. Immer wieder begegnen mir männliche Einzelfahrer oder auch kleine Gruppen von Männern, alle etwa in meinem Alter. Offensichtlich genießen sie ebenso wie ich ihren Ruhestand. Man sieht ihnen die Freude an ihrer Radtour an.

Im hessischen Schwalm-Eder-Kreis sind die an der Wegstrecke liegenden Dörfer und Ortschaften zum größten Teil fein rausgeputzt, und beim Anblick der teilweise mittelalterlichen Architektur habe ich den Eindruck, dass diese Orte beide Weltkriege unbeschadet überstanden haben.

Als ich die Fuldaschleife erreiche, denke ich an unsere erst wenige Tage zurückliegende Radtour mit Freunden an die Saar und sofort habe ich das Bild der sehenswerten und bekannten Saarschleife wieder vor Augen.

Gegen 16:00 Uhr erreiche ich Melsungen und schalte mein Navi auf die Suchfunktion des Wegpunkts zur DJH um. Diesen hatte ich ebenfalls schon zuhause eingegeben. Im Display erscheint eine gerade Linie, ausgehend von meinem augenblicklichen Standort bis zum Wegepunkt der DJH. Es ist die Luftlinie. Sie hilft mir bei meiner Weiterfahrt nicht viel weiter. An ihr kann ich mich nur orientieren und wundere mich deshalb auch nicht, auf dem Weg zur Herberge auf Hindernisse zu stoßen. In diesem Fall ist es eine vor mir liegende Bahnlinie. Diese muss ich überqueren, aber wie und wo? Ich halte Ausschau nach Alternativen.

Wenig später stecke ich auf dem Parkplatz eines Supermarktes in einer Sackgasse. Ein freundlicher Herr erklärt mir den Weg zu einer in der Nähe liegenden Bahnunterführung. Durch sie hindurch gelange ich auf die andere Seite des Bahndammes und erreiche eine relativ steil zur DJH hinaufführende Straße. Warum muss diese Herberge auf einem Berg liegen, frage ich mich als gebeutelter Radfahrer. Jedenfalls erreiche ich mit der ersten großen Kraftanstrengung dieses Tages mein Tagesziel und freue mich über das mir angebotene freie Einzelzimmer.

Das Gepäck ist schnell vom Fahrrad genommen, aufs Zimmer gebracht, das Fahrrad im Schuppen abgestellt und gesichert, Handy und Navi werden an ihren Ladegeräten angeschlossen, die durchgeschwitzte Funktionsbekleidung zum Trocknen aufgehängt und ab geht es unter die Dusche. Was für eine Wohltat und ein großartiges Gefühl, danach wieder in die frische Kleidung steigen und sich auf den „Feierabend" freuen zu können.

Bald werden die morgendlichen Abläufe vor dem Start wieder zur Routine. Auch das wohlige Gefühl, das ich auf dem ersten Abschnitt meiner Tour genießen konnte, stellt sich wieder ein.

Bevor ich mich, mit meinem Fotoapparat ausgestattet, in die Altstadt begebe, wechsele ich noch mein Pflaster auf der Fingerkuppe. Es sieht ganz danach aus, dass sich die dortige Wunde nun endgültig geschlossen hat.

Mein Weg in die Altstadt führt mich über die Bartenwetzer-Brücke, einer der schönsten Brückenbauwerke Hessens. Sie verdankt ihren Namen den holzschlagenden Bürgern, die zu früheren Zeiten hier ihre „Barten" (Äxte) schärften.

Die Altstadt von Melsungen ist sehr sehenswert aber leider um diese Zeit schon menschenleer. Ich habe den Eindruck, dass die Geschäfte hier früher schließen als anderswo. Vielleicht ist es aber auch schon später, als ich denke. Ich habe keine Uhr dabei. Um 14:00 Uhr war ich ja erst mit der Bahn in Kassel angekommen und dann noch die 34 Kilometer hierher gefahren.

In einer Straße fällt mir auf, dass in den dortigen alten Fachwerkhäusern überwiegend Migranten wohnen, ein Trend, der auch in anderen mittelalterlichen Städten zu beobachten ist. Die deutschen „Ureinwohner" haben die Altstadt schon längst verlassen und wohnen in ihren modernen Häusern am Rande der Stadt. Irgendwie schade, wenn alles, was eine lebendige Stadt ausmacht, nicht mehr gegeben ist. Bestimmte Entwicklungen lassen sich wohl kaum aufhalten, es sei denn, man erhöht die Attraktivität der Innenstädte durch geeignete Infrastrukturmaßnahmen und Angebote. Aber das ist leichter gesagt als getan. Meistens sind die Gemeindekassen leer oder es fehlt der Durchsetzungswille.

Hier in dieser Straße klingt aus den halb geöffneten Fenstern orientalische Musik. Für die hiesigen Bewohner sicher ein Hauch von Heimat, weit fern von ihr. Was für ein kultureller Wandel vollzieht sich hier. Wie zu meiner Kindheit wird noch auf der Straße gespielt. Ein selten gewordener Anblick. Es sind auffällig viele dunkelhaarige Kinder. Ihre Herkunftsländer sind vermutlich die Türkei oder Länder in Osteuropa.

Meine Gedanken schweifen ab in meine Jugendzeit. Ich wohnte in einer Straße mit sehr vielen Kindern. Dort war immer was los. Langeweile kam bei uns nicht auf, denn Spielideen hatten wir zur Genüge. Zwar waren meine Spielkameraden von damals keine Migranten, aber sehr viele von ihnen waren in den Wirren des Zweiten Weltkrieges mit ihren Eltern aus den damaligen Ostgebieten, aus Ostpreußen, Pommern und Schlesien geflohen und wuchsen fern ihrer abgestammten Heimat bei uns in Schleswig-Holstein auf. Dennoch fühlten meine damaligen Spielkameraden sich in ihrer neuen Heimat nicht so fremd, wie die hier in der Altstadt von Melsungen allein spielenden Kinder, die in ihren Kreisen zwangläufig unter sich bleiben, wenn deutsche Familien hier nicht mehr wohnen. Eine sinnvolle Integration kann so nicht gelingen. Wie und wo sollen sich die unterschiedlichen Kulturen begegnen und ein Miteinander entwickeln? Ein Aufwachsen und Leben unter diesen Rahmenbedingungen prägt den Menschen und lässt erwarten, dass dieser Teil unserer Mitbürger stets unter sich und uns fremd bleiben wird, was auf Dauer in vielerlei Hinsicht nicht ganz unproblematisch sein dürfte.

Nachdenklich und ruhigen Schrittes wandere ich weiter durch Melsungen. Ich suche ein gutbürgerliches Restaurant mit rustikaler deutscher Küche. Ein solches noch zu finden, ist gar nicht so einfach. Schließlich werde ich im altehrwürdigen Ratskeller der Stadt fündig.

Tagesleistung Kassel – Melsungen:
40 Km, 02 Stunden und 45 Minuten

Melsungen – Bad Hersfeld

Am nächsten Morgen beim Frühstück komme ich mit einer fünfköpfigen Gruppe von Männern ins Gespräch. Sie trafen am Vortag zeitgleich mit mir in der Herberge ein und kommen aus Frankfurt. Seit vielen Jahren unternehmen sie gemeinsam größere Radtouren, auf denen sie schon viel gesehen und erlebt haben. In diesem Jahr steht bei ihnen das Tal der Fulda auf dem Programm.

Es ist schon eigenartig. Manchmal erkennt man sehr schnell, wer in einer Gruppe das Sagen hat. Hier ist es offensichtlich der älteste Teilnehmer dieser fünf Radtouristen, unter denen ich gewisse Spannungen verspüre. Mag sein, dass der Älteste den Grund hierfür liefert. Er ist vom Typ „Besserwisser". Solche Menschen können einem schon gewaltig auf die Nerven gehen.

Nach dem üblichen „woher" und „wohin" zählt mir dieser unsympathische Typ auf, was er schon alles mit dem Fahrrad erfahren hat. Als er seine Aufzählung beendet fragt er mich, wann ich denn in Oberstdorf ankommen werde. Ich erzähle ihm, dass ich viel Zeit hätte und mir selbst keine Zeitvorgaben mache, weil ich mir die vielen Sehenswürdigkeiten unterwegs in Ruhe anschauen möchte.

Das beeindruckt ihn nicht. Vielmehr fährt er mit seiner Prahlerei fort und triumphiert mit der Aussage, dass er die Strecke Frankfurt – Füssen in 3 Tagen geschafft hätte. Ich muss ihn bei dieser Aussage wohl mitleidig angesehen haben oder er fühlte sich durch mein Lächeln gedemütigt. Jedenfalls geht er zum Angriff über und versucht, sich über mich lustig zu machen in dem er feststellt, dass ich doch so eine moderne Gangschaltung hätte und trotzdem gestern den Berg nicht hochgefahren sei, sondern mein Rad geschoben hätte. Er hatte mich bei meiner gestrigen Ankunft dabei beobachtet, wie ich das letzte Stück zur Jugendherberge vom Rad gestiegen und dieses samt Gepäck tatsächlich geschoben hatte. Na und? Seine Probleme möchte ich haben, denke ich mir und halte es nach dieser Attacke für sinnvoller, ihm nicht zu antworten. Sicher hätte er noch mehr zu kritisieren und/oder prahlen gehabt. Ich aber will mir den beginnenden schönen Tag von diesem unangenehmen Zeitgenossen nicht verderben lassen. Nur seine vier Radfahrerkollegen tun mir in diesem Moment sehr leid.

Interessant sind für mich die Erlebnisse und Erfahrungen dieser Gruppe. Wenn ich etwas dazu lernen kann, höre ich immer gerne zu und genau hin. Sie erzählen mir, dass sie schon vor Jahren dazu übergegangen sind, ihr Gepäck nicht mehr am Fahrrad mitzuführen, sondern mit dem Auto zum jeweiligen Tagesziel zu transportieren. Das geschieht im täglichen Wechsel der Fahrer. Dieser steht mit der Gruppe im Handykontakt und kann am Zielort ggf. schon Vorbereitungen treffen, z. B. Ersatzteile kaufen, eine Werkstatt aufzusuchen oder einen Tisch für das gemeinsame Abendessen bestellen. Wenn am Folgetag ein anderer Fahrer aus der Gruppe diese Aufgabe übernimmt, kann dieser sich ein wenig erholen. Diese Lösung scheint mir keine schlechte Idee zu sein!

Ich glaube auch herauszuhören, dass es zumindest einem aus der Gruppe nicht gefällt, jeden Tag in einer DJH zu übernachten. Ein anderer erzählt mir, dass man für wenig Geld auch recht gut in Gasthäusern übernachten kann und nicht auf alle Annehmlichkeiten verzichten muss. Auch könne man dort oftmals gut und preiswert essen, was ich nach meinen späteren Erfahrungen auf dieser Tour im Nachhinein nur bestätigen kann. Jedenfalls habe ich in dem Augenblick, als mir dies alles erzählt wird das Gefühl, das diese Männer irgendwie recht haben, denn das tägliche Auf- und Abziehen des Bettzeugs hat man in unserem Alter eigentlich nicht mehr nötig.

Andererseits muss ich gestehen, dass ich diese besondere Atmosphäre in den DJH auch liebe. Sie erinnert mich an meine Jugendzeit und auch an meine Zeiten als Ausbilder an der „Hanseatischen

Yachtschule" in Glücksburg. Viele Jugendliche aus aller Herren Länder verbringen hier in den Sommermonaten ihre Ferien, um das Segeln zu lernen, oder Segelscheine zu erwerben. Immer wenn ich mich dort einfinde, um mal wieder als Skipper einen Hochseetörn zu fahren, empfinde ich dort das gleiche Gefühl der Sorglosigkeit, Leichtigkeit, der Zuversicht und Lebensfreude. Es ist wohl der angeborene Optimismus der Jugend, der hier mitschwingt und für eine gewisse Zeit die Probleme des Alltags dieser Welt vergessen lässt.

Ganz offensichtlich sind die fünf Radreisenden mit ihrer Gesamtsituation hier in der Herberge nicht so recht zufrieden. Wie ich sehe, sind sie zusammen in nur zwei Zimmern untergebracht. Da wird es schon mal muffig und eng, wenn die Kleidung durchgeschwitzt ist, gewaschen werden muss und das tägliche Umpacken viel Platz erfordert, wie ich es bei mir immer wieder feststelle. Ich jedenfalls bin mal wieder froh, dass ich allein unterwegs bin.

So bin ich mein eigener Herr und habe auch das Zimmer für mich allein. Dabei ist es mir egal, ob zwei, drei oder vier Hochbetten in meinem Zimmer stehen. Diese werden dann als Ablage benutzt und ich habe viel Platz zum Trocknen der nassen Kleidung.

Die Fünfer-Gruppe startet an diesem Tag ca. 20 Minuten vor mir zur Weiterreise nach Bad Hersfeld, das auch mein heutiges Tagesziel ist. Sie wollen dort wieder in einer DJH übernachten. Für die Gruppe ist die dortige Unterkunft schon gebucht. Ich selbst hoffe, dort auch wieder ein freies Bett zu finden. Es widerstrebt mir, mich schon zeitig für ein Tagesziel festzulegen. Ich will hinsichtlich meiner Planungen frei sein. Für mich ist es ein Stück mehr an Freiheit, zu sehen was kommt und mich erwartet. Ich kann jederzeit und überall spontan entscheiden, wo und wann ich übernachten will. Ich habe Zeit, und mich treibt im Leben niemand mehr. Mit einer Gruppe von 5 Personen geht das natürlich nicht, was ein weiterer Nachteil einer Gruppenreise ist. Jedenfalls bin ich gespannt, ob ich die Fünf am Abend wiedersehe.

Es regnet leicht, als ich mein Fahrrad in Bewegung setze. Der Himmel ist dunkel. Nach ca. 10 Km der Wegstrecke fängt es an, wie aus Kübeln zu schütten. Dummerweise habe ich meine Gamaschen nicht angezogen, als ich losfuhr. Jetzt ist es zu spät. Es würde zu lange dauern, sie aus dem Gepäck zu kramen und überzuziehen. Künftig muss ich dies anders organisieren. Wichtiges muss immer sofort griffbereit sein.

Die Folgen meiner Nachlässigkeit bekomme ich wenig später zu spüren. Nach kurzer Zeit sind meine bequemen, für das Radfahren idealen Sportlederschuhe durchgeweicht und natürlich auch die Socken. Da Luft und Regen sehr kalt sind, fange ich an zu frieren. Ich merke, wie die Kälte langsam an mir hochsteigt, worin ich eine gewisse Gefahr für mein körperliches Wohlbefinden sehe, denn gleichzeitig merke ich, wie mit zunehmender Kälte meine Konzentrationsfähigkeit nachlässt.

Durch Erhöhung meiner Trittfrequenz versuche ich dem entgegen zu wirken und mehr Körperwärme zu produzieren. Das gelingt aber nicht. Außerdem ist es zu kräftezehrend. Meine Regenhose, unter der ich nur noch die kurze Radlerhose trage, ist ebenfalls schnell durchgeweicht. Von Regenhose kann also keine Rede sein. Ich werde mir für künftige Radwanderungen eine andere, bessere Hose kaufen. Auch meine Haare sind nass, und ich spüre den unangenehmen kalten Fahrtwind. Hoffentlich hole ich mir keine Erkältung. Es wäre besser gewesen, eine Mütze unter dem Helm aufzusetzen. Ich habe doch alles dabei, bin heute nur schlecht organisiert und habe in der jetzigen Situation keine Lust, in meinen Gepäcktaschen nach der Mütze zu kramen.

Im Gegensatz zur Regenhose ist meine Regenjacke von allerbester Qualität. Sie lässt weder den Wind noch den stärksten Regen durch. Sie ist einfach perfekt. So bleibt wenigstens mein Oberkörper trocken, und ich lasse mich nicht aufhalten, zügig meinem Tagesziel Bad Hersfeld entgegen zu steuern.

Auch auf diesem Streckenabschnitt ist das Tal der Fulda noch sehr schön. Wegen des schlechten Wetters sind in den Dörfern weder Mensch noch Tier zu sehen. Alles hat sich vor diesem Wolkenbruch in warme und trockene Räume verzogen. Ich mag nicht daran denken, wie angenehm dies jetzt auch für mich sein könnte.

Über Malsfeld fahre ich weiter nach Süden. In der Nähe von Morschen endet der Radweg plötzlich, und ich stehe unmittelbar vor der Fulda, die jetzt wegen der Regenmassen etwas schneller fließt. Oder bilde ich mir das nur ein?

Was nun, wie geht es weiter? Habe ich ein Schild übersehen? Im letzten Ort stand ein Schild und machte mich auf eine Alternativroute aufmerksam. Spätestens hier hätte ich wohl den Radweg wechseln müssen. Was heißt Alternative, denke ich mir. Es muss doch eine Lösung für mein Problem geben. Vielleicht gibt es hier irgendwo einen Fährmann, den ich rufen kann? Mein Blick fällt auf ein Schild, auf dem etwas von Seilfähre geschrieben steht. Ich stelle mein Fahrrad ab und trete näher an das Schild heran. Dort lese ich, dass findige Leute und großzügige Sponsoren an dieser Stelle eine selbst zu bedienende Seilfähre installiert haben. Ich schaue mich um und entdecke sie am anderen Ufer. Die Fähre und das über die Fulda gespannte Drahtseil waren mir zuvor nicht aufgefallen.

Die präzise Bedienungsanweisung macht es mir leicht, allein mit der Kraft meiner Oberarme die Seilfähre per Handkurbel auf meine Uferseite zu holen. Das dauert eine ganze Zeit, weil die Übersetzung der Seilwinde so gewählt ist, dass die ganze Anlage auch von einer Einzelperson bedient werden kann. Ich muss kräftig kurbeln und komme dabei tüchtig ins Schwitzen. Schließlich habe ich es geschafft, den Drahtkäfig auf meine Seite zu holen. Ich entriegele die Zugangstür, schiebe mein Fahrrad in den Käfig, verschließe die Tür wieder und kurbele mich und mein Fahrrad mit Hilfe einer in der Fähre installierten Handkurbel zum anderen Ufer.

Dieses Manöver als Einzelreisender durchzuführen, ist schon ein mühsames, aber interessantes Unternehmen. Die Idee selbst finde ich geradezu grandios. Auf diese Weise erspare ich mir einen großen Umweg, wie der Blick auf meine Fahrradkarte zeigt. Ich wundere mich nur, dass der Bau und der Betrieb einer solchen Anlage in unserem sicherheitsbewussten, überregulierten und von Oberbedenkenträgern geprägten Staat heute noch möglich sind. Mein Respekt gilt deshalb auch dem Beamten, der den Bau und den Betrieb dieser Anlage genehmigt hat – alle Achtung!

Starkregen, Selbstbedienungsfähre und kein Mensch weit und breit. Der Fahrradtourismus reduziert sich heute nur auf Hartgesottene. Von Ferne sehe ich einen Unterstand, der mir Schutz vor dem Starkregen bieten könnte. Eigentlich reicht es mir für heute. Inzwischen habe ich den Landkreis Hersfeld-Rotenburg erreicht und könnte eine Regenpause dringend gebrauchen. Der Himmel sieht nicht nach Wetterbesserung aus. Wenn ich jetzt aus meinem Rhythmus komme, fange ich an zu frieren, erkälte mich vielleicht und warte möglicherweise eine unendlich lange Zeit, bis der Regen wieder nachlässt. Das würde mich nerven. Also entschließe ich mich zur Weiterfahrt.

Als ich den Unterstand erreiche, sehe ich dort einen Radwanderer, der sich zum Schutz vor dem Regen untergestellt hat. Nach dem Austausch eines Grußes, ich bin schon fast an ihm vorbei, spricht er mich an und fragt mich, ob ich eine Radwanderkarte dabeihätte. Ich wundere mich über diese Frage, denn er und sein Fahrrad sehen nicht danach aus, als wenn er nur mal eben um die Ecke herum zum Bäcker fahren würde, um Brötchen zu holen. An seinem Fahrrad hängen Gepäcktaschen und er ist zweifelsfrei auf einer größeren Radtour unterwegs. Ich kann mir gar nicht vorstellen, bei einer solchen Tour keine Karten dabei zu haben. Aber man lernt nicht aus. Wie sich zeigt, kommt dieser Radreisende offensichtlich ohne eine einzige Tourenkarte aus. Er fährt auf seine Weise fragend durch die Welt und es funktioniert, wie man sieht.

Nach dem üblichen „woher" und „wohin" stellt sich heraus, dass er auch aus Schleswig-Holstein kommt, und zwar aus Sörup, unweit von dem Ort entfernt, wo ich den ersten Teil meiner Reise begonnen hatte. Wir beide sind auf dem Weg nach Süden. Das Ziel seiner Reise ist Bad Mergentheim. Er will die Stadt auf der Strecke über Würzburg erreichen. Ich zeige ihm die hierfür benötigten Karten, wir diskutieren alternative Routen und tauschen einige Erfahrungen aus.

Dabei erzählt er mir, dass er für seine Übernachtungen die Angebote von Bett & Bike nutzt, mit seiner Wahl sehr zufrieden ist und bisher immer recht preiswert untergekommen ist.

Seine Zunge wird immer lockerer und ich erfahre, dass er 62 Jahre alt ist, seine Frau vor sechs Jahren verstorben ist, und er seitdem größere Radtouren unternimmt. Seine Fahrradausstattung entspricht etwa der meinigen, auf dem ersten Teilabschnitt meiner Radtour benutzten Ausstattung. Sein Fahrrad ist jedoch noch wesentlich älter und glänzt vor Rost. Bis auf die Regenjacke, die auch schon einen sehr durchgeweichten Eindruck macht, trägt er ganz normale Alltagskleidung. Sein Tagesziel ist der noch 40 Km von uns entfernt liegende Ort Schlitz. Dort wartet schon ein vorbestelltes Bett & Bike-Zimmer auf ihn.

40 Kilometer bei Starkregen zu fahren, macht wirklich keinen Spaß, und dieser Fahrradtourist macht auf mich auch nicht mehr den kräftigsten Eindruck. Ich selbst habe nur noch ca. 12 Km bis nach Bad Hersfeld zu bewältigen. Wir beschließen, den vor uns liegenden Weg soweit wie möglich gemeinsam zu fahren und steigen auf unsere Räder.

Nach wenigen hundert Metern öffnet der Himmel vollends seine Pforten, und der Regen fällt wasserfallartig vom Himmel. Ich fahre mein normales Tempo, merke aber, dass mein Begleiter immer weiter zurückfällt und nach ca. drei Kilometern des gemeinsamen Weges aufgibt. Er winkt mir zu und gibt mir das Zeichen, dass ich allein weiterfahren soll. Er will sich noch einmal unterstellen und warten, bis der Regen abgezogen ist. Das kann noch lange dauern denke ich, denn es sieht ganz und gar nicht danach aus, dass der Regen heute noch nachlässt. Hier zeigt sich wieder einmal der Nachteil einer im Voraus gebuchten Übernachtung. In diesem Fall ist man mehr oder weniger gezwungen, das gewählte Tagesziel zu erreichen.

Wie zu erwarten war, lässt der Regen einfach nicht nach. Schon am 18. Mai, dem Tag meiner Abreise in Meckenheim wurde genau dieses Wetter im ARD-Morgenmagazin prognostiziert. Danach sollte sich ein dickes Tief, diesmal aus dem Osten kommend, was schon ungewöhnlich genug ist, im Anmarsch befinden. Als ich endlich die Kur- und Festspielstadt Bad Hersfeld erreiche, bin ich froh und zufrieden zugleich, diese Tagesetappe unter diesen widrigen Umständen geschafft zu haben.

In Bad Hersfeld soll mich mein Navi wieder zum zuvor eingegebenen Wegepunkt der DJH führen. Es will jedoch nicht funktionieren. Nach wenigen Sekunden springt die Anzeige auf die alte Streckenführung zurück und verliert den Satelliten. Also muss ich meinen Orientierungssinn aktivieren und in Richtung Herberge fahren. Dabei fällt mir der Hinweis der Fünfergruppe vom Vortag in Melsungen ein, wonach die DJH auf einer Anhöhe über der Stadt liegen soll. Auf diese steuere ich jetzt zu. Nach mühsamem Treten oben angekommen, wähne ich mich schon kurz vor dem Ziel.

Auf meine Frage bestätigt mir eine ältere Dame, dass ich mich auf dem richtigen Weg befinde, wogegen ein neben ihr stehender junger Mann meint, es besser zu wissen und sie mit den Worten korrigiert, dass die DJH neuerdings in der Nähe des Kurparks zu finden sei. Seiner Erklärung des Weges dorthin und seinem Ratschlag folgend, weiter unten im Ort noch einmal nachzufragen, fahre ich den Berg wieder hinunter, jetzt allerdings auf seiner anderen Seite. Dieser Weg ist mehr oder weniger gut ausgeschildert, dennoch erreiche ich nach kurzer

Zeit ziemlich erschöpft und frierend wie ein Schneider die Herberge in der Hoffnung, dort noch ein freies Bett zu erwischen.

Endlich angekommen, bin ich sehr überrascht, was man aus einer ehemaligen Kaserne, oder einem ähnlichen Objekt, gemacht hatte, eine architektonische Meisterleistung. Eine interessante, lichtdurchflutete Glaskonstruktion verbindet zwei alte, jedoch auf den neuesten Stand der Technik gebrachte und geschmackvoll renovierte Gebäude, in deren unteren Bereich die Rezeption eingerichtet ist. Im Durchgang zwischen den Gebäuden laden Aufenthalts- und Leseräume zum Verweilen ein.

Die Rezeption ist schnell gefunden und ich checke ein. Wieder ist das Glück auf meiner Seite, als ich erfahre, dass hier noch ein letztes Einzelzimmer frei ist. Auch bietet man mir an, dass ich während des Eincheckens in aller Ruhe mein Fahrradgepäck abbauen und mein Fahrrad im Schuppen der DJH unterstellen kann. Ein sehr guter Service von super netten Leuten dieser DJH. Diesem Angebot folgend stelle ich zunächst mein Fahrrad im abschließbaren Unterstand ab, bringe mein Gepäck auf mein Zimmer im zweiten Stockwerk und kehre zur Rezeption zurück. Dort werden mir eine Kurkarte, einen Waschbeutel mit Inhalt sowie mein Bettzeug ausgehändigt. Was für ein Service!

Jetzt aber habe ich nur noch eine lange heiße Dusche im Kopf. Sie soll mich auf meine normale Körpertemperatur zurückbringen und meine Lebensgeister wecken. Mein Bett ist schnell bezogen, und ich kann es kaum erwarten, mich mit trockenen, wärmenden Socken an den Füßen hinein zu legen. Es muss kurz nach 13:00 Uhr gewesen sein, als ich in einen Tiefschlaf falle und erst gegen 15.00 Uhr wieder aufwache. War das eine Wohltat!

Für heute habe ich mir vorgenommen, meine Wäsche zu waschen. Die Voraussetzungen hierzu sind günstig. Es ist alles im Zimmer, was ich hierzu benötige, nämlich warmes Wasser und ein wärmender Heizkörper zum Trocknen der Wäsche, denn die muss ja vor meiner morgigen Weiterreise wieder trocken sein. Nach getaner Arbeit geht's rein in die sauberen Klamotten und ab in die Altstadt von Bad Hersfeld, um diese näher kennenzulernen. Wieder fängt es an zu tröpfeln und ich halte es für zweckmäßig, meine Ausstattung, um einen kleinen Regenschirm zu ergänzen.

Als ich bei der Drogerie einer bekannten Handelskette vorbeikomme, sehe ich im dortigen Angebot recht preiswerte kleine Schirme. Eine hübsche und freundliche Verkäuferin bedient mich, und packt mir trotz des geringen Kaufpreises von 4,50 € noch zusätzlich ein kleines Werbepräsent in Form eines Männerparfüms zum Ausprobieren ein.

Dabei lächelt sie mich so an, als wenn sie ihrem Liebsten zu Weihnachten unter dem Tannenbaum ihr ganz persönliches Geschenk präsentieren würde. Ich muss schmunzeln, denn im Geiste sehe ich mich schwitzend auf meinem Fahrrad sitzend mit dem Duftwässerchen in der Gepäcktasche – wie passend. Oder war das Präsent der netten Verkäuferin etwa ein Wink mit dem Zaunpfahl? Nun bilde dir bloß nichts ein, geht es mir durch den Kopf. Das süße Lächeln gilt nicht Dir sondern ist cleveres Marketing, das sie geschickt und charmant im Rahmen ihrer Verkaufsstrategie einsetzt. Wieder draußen bin ich jedenfalls froh, dass mich der Schirm davor bewahrt, bis auf die Haut nass zu werden, denn der Regen will und will einfach nicht aufhören.

Eine sehenswerte Altstadt mit gemütlicher Fußgängerzone erwartet mich. Trotz des schlechten Wetters herrscht hier wegen des bevorstehenden Pfingstfestes reges Treiben, und ich ziehe es vor, mich diesem zu entziehen und mir stattdessen die Highlights dieser Stadt anzusehen. Bei meinem Rundgang durch den Ort komme ich am ältesten Haus der Stadt vorbei. Es war bereits 40 Jahre vor der Entdeckung Amerikas durch Christopher Columbus, im Jahr 1452 erbaut worden. Wenn Mauern erzählen könnten....

Unweit von diesem Haus steht die Ruine der Stiftskirche. Sie gilt als die größte romanische Kirchenruine Europas. Dem kulturbeflissenen Publikum ist sie bekannt als Ort, an dem seit 1951 alljährlich die Bad Hersfelder Festspiele vor der eindrucksvollen Kulisse dieser Anlage stattfinden. Die Ruine ist umgeben von einem alten, sehr gepflegten und von seiner Anlage her sehr schönen Park. Auf der Suche nach einem rustikalen Restaurant habe ich u. a. die Auswahl zwischen der „Kajüte" und dem „Sportlertreff". Letzterem gebe ich den Vorzug, auch weil dieser schon gut besucht ist, was ich als gutes Zeichen werte.

Als ich den Gastraum betrete, sehe ich einige Männer an einem runden Tisch sitzen und lautstark Skat spielen. Den Spaß dabei sieht man ihnen an. An den Wänden hängen Bilder vom alten Bad Hersfeld, wie es früher einmal aussah. Überhaupt ist der „Sportlertreff" in seiner Art sehr urig. Auf anderen Bildern sind Fußballmannschaften zu sehen. Viele Pokale zeugen von einem erfolgreichen Vereinsleben. Ich gewinne den Eindruck, dass eine Hersfelder Fußballmannschaft 1972 Deutscher Fußballpokalmeister geworden sein muss und nehme mir vor, dieses zuhause im Internet zu recherchieren.

Vom unteren Schankraum führt eine Treppe nach oben. Auch dort herrscht reger Betrieb. Hier oben befindet sich auch die Toilette, die umso häufiger frequentiert wird, umso mehr Bier ausgeschenkt wird.

An einem Tisch wird über dieses und jenes getratscht. Meist über Personen, die nicht anwesend sind. Ein Mann fällt mir dabei besonders auf. Er steht angelehnt an einem Stehtisch und trinkt sein Bier. Wie man sieht und hört, ist er nicht mehr so ganz nüchtern. Er muss ein ehemals bekannter Sportler und Vereinskamerad gewesen sein, denn jeder Anwesende in dieser Runde kennt und duzt ihn. Auf mich macht er den Eindruck eines aufgrund seines Alkoholkonsums gesellschaftlich „Abgestürzten". Es fällt auf, dass jeder seiner Vereinskameraden nett zu ihm ist, aber keiner von ihnen etwas mit ihm zu tun haben will, was ihm einer der anwesenden Männer ganz deutlich spüren lässt. Nur ein Einzelner aus der Runde der „Sportkameraden" drängt ihn freundlich aber mit Nachdruck zur Heimkehr, nimmt ihn kommentarlos unter die Arme und verlässt mit ihm zusammen das „Sportlertreff". Sobald sich die Tür hinter den Beiden schließt, hört man von den Zurückgebliebenen die entsprechenden Kommentare und negativen Äußerungen. Ich finde dieses Verhalten beschämend und deprimierend zugleich.

Nach dem Essen will ich zurück zur Jugendherberge. Auf dem Weg dorthin komme ich am „Mückenstürmerdenkmal" vorbei. Es erinnert an einen Sommertag im Jahr 1674, als die Einwohner am Kirchturm eine Rauchwolke sahen. Weil man dort ein Feuer vermutete, stürmten viele Hersfelder Bürger mit Wassereimern zum Turm, um zu löschen. Oben am Turm angekommen merkte man, dass dort nur ein dicker Mückenschwarm den Turm umkreiste. So entstand der Spitzname „Mückenstürmer", wie die Hersfelder heute noch spöttisch von den Einwohnern der umliegenden Gemeinden genannt werden. Wer der Schaden hat, braucht für Spott nicht zu sorgen.

Tagesleistung Melsungen - Bad Hersfeld:
55 Km, 05 Stunden und 45 Minuten

Bad Hersfeld – Schlitz

Auch heute ist der Himmel wieder dunkelgrau, als ich nach dem Aufwachen aus dem Fenster schaue. Eine Wetterbesserung scheint nicht in Sicht zu sein. Um 08:45 Uhr starte ich an der DJH, heute mit übergestülpten Gamaschen und langer Radfahrerhose unter meiner Regenhose. Sie soll mich vor der erwarteten Kälte schützen. Das hilft, denn mir ist jetzt wohlig warm.

Als ich auf mein Fahrrad steige, tröpfelt es noch ein wenig. Nach einer halben Stunde lässt der Regen nach. Die Luft ist klar und rein. So gefällt es mir schon besser.

Die Wegstrecke ist mal mehr, mal weniger interessant. Meist bleibe ich in der Nähe der Fulda, die ich auf meinem Weg nach Süden hin und wieder überqueren muss. Im Vogelsbergkreis erreiche ich mein heutiges Tagesziel, die märchenhafte 4-Burgenstadt Schlitz. Schon am späten Vormittag nehme ich mir in Lenck´s Gasthof „Zum Auerhahn" (zwischen Unter- und Obergasse gelegen) ein Zimmer für 35,00 €.

In der zugehörigen Gastwirtschaft probiere ich das Schlitzer Altbier, dem einzigen Kölsch außerhalb des Rheinlandes. Dazu esse ich eine Currywurst. Nach vorherigem Gang unter die Dusche begebe ich mich zu einem kurzen, aber erholsamen Mittagsschlaf ins Bett, um ausgeruht am Nachmittag zu einer Stadtbesichtigung zu starten.

Bei meinem Rundgang schaue ich mir zunächst die evangelische Stadtkirche St. Margarethen an, die vor 1200 Jahren das erste Mal erwähnt wird. Schlitz erhielt Anfang des 15. Jahrhunderts die Stadtrechte. Das Rathaus ist eines der ältesten in unserer Republik. Die wirtschaftlichen Schwerpunkte dieser Stadt sind die Leinenwebereien und Kornbrennereien. Aber auch Logistikunternehmen und die Elektronikindustrie sind hier angesiedelt und wichtige Arbeitgeber.

Für Meinen Stadtrundgang hatte mir mein Gastwirt den „Hinterturm" empfohlen. Ihn finde ich schnell. Er ist auch nicht zu übersehen. Als ich ihn erreiche, bin ich der einzige Tourist, der hinauf möchte. Seit 1951 ist er mit einem Fahrstuhl ausgestattet. Während unserer Fahrt nach oben erfahre ich vom sachkundigen Fahrstuhl- und Turmführer in einem Kompaktvortrag, mit welchen Mitteln, unter welchen Umständen und zu welchem Zweck der Turm gebaut wurde. Weiter höre ich, dass die heute noch gebräuchliche Bezeichnung für eine Unterbringung im Gefängnis, das „Einlochen", hier im Turm seinen Ursprung hat. Er diente nämlich dazu, kriminelle oder in Ungnade gefallene Zeitgenossen aus dem Verkehr zu ziehen und sicher unterzubringen. Das geschah in einem Turmverlies unterhalb des auf halber Höhe des Turms gebauten Eingangsbereichs, an dem der Fahrstuhl auf seinem Weg nach oben vorbeikommt. Von hier aus wurden die „Einzulochenden" 14 Meter in die Tiefe bis zum Verlies herabgelassen und dort eingesperrt. Sie hatten keine Chance ihrem Gefängnis zu entkommen.

In diesem Kerker wird ganzjährig eine Temperatur von nur 6 Grad gemessen. Was die Menschen sich doch für Grausamkeiten einfallen lassen. Ich bin froh, in der heutigen Zeit leben zu dürfen.

Der Turmführer erzählt mir auch, dass für den Innenputz des Turmes, der heute noch in seiner Ursprungsform erhalten ist, nur natürliche Stoffe verwendet und bei der Herstellung des Putzes jede Menge Eiweiß als Bindemittel verarbeitet wurden. Oben angekommen, stehe ich nach dem Ausstieg mitten in der Wohnung des Türmers, der hier jahrelang mit seiner Familie lebte. Fließend Wasser und Heizung gab es hier oben nicht.

Von der Spitze des Turmes, der einmal im Jahr zur größten Kerze der Welt wird, hat man einen grandiosen rundum-Blick über Schlitz und das schöne Schlitzerland. Es ist mit 142 Qkm die drittgrößte Flächengemeinde Hessens. Eingebettet zwischen den Mittelgebirgen Vogelsberg, Rhön und Knüll ist Schlitz ein mittelalterliches Juwel. Auf

Schritt und Tritt Geschichte und Idylle pur. Das Motto der Stadt „Romantik trifft Lebensfreude" ist in dieser 6-Burgen-Stadt spürbar.

Wieder unten angekommen, wende ich mich den angenehmeren Dingen des Lebens zu und lasse mich in einer in der Nähe liegenden Eisdiele zu einem Kaffee und drei Kugeln Eis nieder. Nach ausgiebiger Besichtigung dieses sehenswerten Ortes, für den in jüngster Zeit große, sichtbare Anstrengungen unternommen wurden, um ihn auch für die nachwachsenden Generationen zu erhalten, zieht es mich zum Abendessen in den „Auerhahn".

Heute will ich früh schlafen gehen. Im Bett versuche ich noch, mich ein wenig mit Fernsehen wach zu halten, was mir mangels eines gescheiten Programms aber nicht gelingt. So ziehe ich es vor, im Schlaf neue Kräfte für meine Weiterfahrt am nächsten Tag zu sammeln.

Tagesleistung Bad Hersfeld – Schlitz:
37,5 Km, 02 Stunden und 25 Minuten

Schlitz – Fulda

Die Zeiten für den sich jeden Morgen wiederholenden Ablauf, vom Aufstehen bis zur Abfahrt, gleichen sich immer mehr dem täglichen Durchschnitt an. Sie werden von der Routine bestimmt. Einen Wecker benötige ich nicht. Um 07:45 Uhr frühstücke ich, und um 08:30 Uhr ist mein Fahrrad reisefertig und los geht´s.

Bis zum Landkreis Fulda sind es nur wenige Kilometer. Hier ist das Tal der Fulda wieder sehr schön, doch es geht bergauf und bergab. Für den ungeübten Radfahrer eine Qual. Hin und wieder versucht die Sonne, mich ein wenig zu wärmen. Je näher ich der Stadt Fulda komme, umso freundlicher wird das Wetter. Sonne und Wärme haben ihren Anteil an meiner sich steigernden Vorfreude auf diese schöne Stadt.

Am Horizont kann ich schon die Türme des bekannten Doms ausmachen. Doch was höre ich da für ein klapperndes Geräusch an meinem Fahrrad? Ich schaue Richtung Tretkurbel und sehe, wie der Chainglaider beginnt, sich in seine Einzelteile zu zerlegen. Wie kann das passieren? Möglicherweise war mein Fahrrad in meiner Abwesenheit einmal umgefallen oder ein anderes Fahrrad war im Fahrradschuppen der DJH meinem Rad mit den Pedalen oder eines anderen Anbauteils zu nahegekommen und hat den Chainglider in die Zange genommen. Wie und was geschehen war, lässt sich nicht mehr rekonstruieren. Jedenfalls hat dieses Plastikteil jetzt eine Macke und ist auch nicht mehr zu reparieren. Zwar unternehme ich noch einen solchen Versuch, aber dieser will mir aufgrund meiner Verletzung am Mittelfinger nicht gelingen.

Stattdessen handele ich mir an der großzügig geschmierten Fahrradkette schmutzige Hände ein. Aber wozu hat man flüssiges Waschmittel in der Tube mitgenommen? Mit diesem reibe ich meine Hände ein und „wasche" sie mit dem hochstehenden nassen Gras von der Wiese neben mir. Danach sehen meine Hände fast so aus, als wenn ich nie etwas anderes gemacht hätte. Mit dem Ergebnis kann ich jedenfalls zufrieden sein.

Aber wohin mit dem zuvor abgebauten Chainglider? Ich kann ihn doch nicht einfach auf freier Strecke zurücklassen. Zum Glück sehe ich in einigen hundert Metern Entfernung eine Tankstelle. Dort fahre ich hin und frage die Kassiererin, wohlerzogen wie ich nun mal bin, ob ich dieses Teil in der Mülltonne der Tankstelle entsorgen kann. Sie sieht mich mit großen Augen an, gerade so als sei ich vom anderen Stern und sagt mir im schönsten breiten hessisch, dass die Mülltonne doch dafür da sei.

Gegen 11:00 Uhr erreiche ich die Barockstadt Fulda. Mein Navi führt mich zur DJH, in der ich 1958 als

Mitglied des Travemünder Spielmannszuges auf der Reise zum Deutschen Turnfest in München übernachtete.

Ich betrete den Eingangsbereich und staune. Nichts, rein gar nichts erinnert mich an 1958. Ich frage den freundlichen „Herbergsvater" nach einem freien Zimmer, doch leider kann er nichts für mich tun. Achselzuckend muss ich zur Kenntnis nehmen, dass die DJH wegen des bevorstehenden Pfingstfestes voll ausgebucht ist, wohl auch weil der Wetterbericht ein super schönes Pfingstfestwetter verspricht.

Auf meine Frage nach Alternativen empfiehlt er mir den unweit der DJH liegenden Gasthof „Drei Linden". Er ist sogar so freundlich für mich dort anzurufen, um nach einer freien Unterkunft zu fragen. Wieder habe ich Glück und erwische ein freies Zimmer.

Als ich mich mit einem Dankeschön von ihm Richtung Gasthof verabschiedet habe fällt mir ein, was ich ihm gegenüber noch loswerden wollte. Ich erzähle ihm, dass ich 1958 in seiner Herberge übernachtet hätte. Dies muss ihn sehr beeindruckt haben, denn er zeigt mir viele alte Fotos, auf denen ich „meine" Jugendherberge von damals wiedererkenne.

Zum Gasthof „Drei Linden" sind es nur wenige hundert Meter. In meinem Zimmer ist die Heizung noch in Betrieb. Diese günstige Gelegenheit nutze ich für eine weitere Wäsche meiner Kleidung. Bevor ich mich in die Altstadt begebe, ist erst einmal Mittagsruhe angesagt. Später erklärt mir der freundliche Wirt den Fußweg zu der in 20 Gehminuten erreichbaren Altstadt.

Das Wetter wird stündlich besser und erreicht schon bald hochsommerliche Temperaturen. Viele Touristen sind in der Stadt. Zuerst besichtige ich den Dom, das Wahrzeichen von Fulda und Hessens bedeutendste Barockkirche. Er wurde in der Zeit vom 1704 bis 1712 von dem bedeutenden Baumeister Johann Dientzenhofer gebaut. Hierzu verwendete er Teile der noch vorhandenen Bausubstanz der aus dem 9. Jahrhundert überlieferten Ratgar-Basilika. Die religiöse Bedeutung des Doms ist heute noch durch das Bonifatiusgrab und die Wallfahrten aktuell.

Die Stadt Fulda wurde im Jahre 744 gegründet. Ihr städtebaulicher Juwel liegt im Barockviertel, in dem außer dem Dom weitere imposante Bauten wie die Domdechanei, das Schloss mit Schlossgarten, das Paulstor, die Hauptwache und einige bürgerliche Häuser in der Friedrichstraße gehören.

Meine Zeit reicht nicht aus, all diese Bauwerke zu besichtigen, für mich ein triftiger Grund, gelegentlich einmal wiederzukommen. Ich beschränke mich zunächst auf einen Rundgang durch die Innenstadt, vorbei am Adelspalais und dem Bonifatius-Denkmal. Ich genieße das Leben und Treiben in der Pfandhausstraße, begeistere mich für die Fachwerkarchitektur des „Alten Rathaus", komme vorbei an der Stadt-pfarrkirche, schlendere weiter zum Stadtschloss, besichtige den von Mauern und Gittern umschlossenen Schlossgarten mit dem Fontainebrunnen, habe einen herrlichen Blick von der Orangerieterrasse auf die 6,80 m hohe Floravase, einer der schönsten barocken Plastiken und Skulptur der Göttin der Gartenbaukunst und verlasse durch das Paulustor den inneren Bereich der Stadt. Fulda ist mehr als nur eine Reise wert.

Wie vom Leiter der DJH empfohlen, nehme ich im Gasthof „Drei Linden" mein Abendessen ein. Dem Gasthof angeschlossen ist eine Metzgerei. Entsprechend gut und empfehlenswert ist das preiswerte Essen. Für ein großes Holzfällersteak, zwei große Gläser Bier und ein Gläschen Fernet zahle ich 15,00 €.

Tagesleistung Schlitz - Fulda:
30 Km, 01 Stunde und 50 Minuten

Fulda – Wächtersbach

Dank der warmen Heizkörper im Zimmer ist meine Wäsche schnell trocken. Ich kann also beruhigt meiner Weiterfahrt entgegensehen. Zunächst frühstücke ich aber erst einmal gut und ausgiebig. Die Sonne scheint, aber es ist erheblich kühler als am Vortag. Für mich das ideale Radfahrwetter.

Die Luft ist angenehm frisch. Saftig grüne Wiesen und leuchtende Rapsfelder erwarten mich. Ich verlasse den Radweg R1 und fahre im Main-Kinzig-Kreis „Auf den Spuren des Spätlesereiters" (R3) der Stadt Hanau entgegen. Die Hauptfahrtrichtung ist jetzt wieder Süd-West. Dieser Teilabschnitt des Fernradweges verdankt seinen Namen einem bischöflichen Traubenkurier, der sich 1775 mit seinem Pferd aufmachte, um von Fulda aus in den Rheingau zu reiten, um dort Wein einzukaufen. Weil er sich aber bei seiner dortigen Ankunft sehr verspätet hatte, war dort im klösterlichen Weingut Johannesberg bereits die Edelfäule über die Trauben hergefallen. Das war die Geburtsstunde der Spätlese.

Über den Radfernwanderweg „R3" fahre ich durch das Kinzigtal. Über lange Wegstrecken bis nach Hanau und von dort am Main entlang bis zum Rhein ist dieser Radweg identisch mit dem Jakobsweg. Ich denke an Hape Kerkeling und sein Buch, auf das die

Idee zu meiner Deutschlandtour letztlich zurückgeht.

Nachdem ich mit dem „R1" beste Erfahrungen mit der großzügigen, von weitem schon gut lesbaren Ausschilderung und dem sehr guten Zustand dieses Radweges gemacht habe, stelle ich bei dem „R3" fest, dass sich dieser streckenweise in einem teils sehr guten, teils in einem sehr schlechten Zustand befindet. Der Weg führt mich bergauf und bergab. Lange Bergfahrten zehren an meinen Kräften, und schöne lange Abfahrten entschädigen mich für meinen vorherigen Einsatz.

In Schlüchtern mache ich Pause, trinke einen Kaffee und esse ein Käsebrötchen. Von hier aus beginnt eine sehr schöne, auch gut zu fahrende Strecke.

Steinau a. d. Straße hat eine historische Altstadt. Hier haben die Märchendichter Brüder Grimm längere Zeit gelebt. Für die Stadtväter ein Grund für die Einrichtung eines entsprechenden Museums. Auf einem gemütlichen Plätzchen vor dem historischen Brunnen esse ich in der Sonne eine Bratwurst und trinke dazu ein Glas Bier. Das tut gut, denn ich bin nass geschwitzt. Meine rote Wind- und Regenjacke wärmt mich. Ohne sie wäre es mir jetzt zu kühl und es bestünde die Gefahr einer Erkältung und die kann ich nun wirklich nicht gebrauchen.

Auf dem Weg hierher habe ich offensichtlich die Wasserscheide überquert. Mir fällt auf, dass das Wasser jetzt nach Süden fließt. Es ist nicht mehr die Fulda und weiter im Nord-Westen die Weser, die es aufnimmt, sondern der Rhein.

Ganz in der Nähe befindet sich auch die Quelle des Flusses Kinzig. Durch das nach ihm benannte Tal fahre ich auf meinem Weg Richtung Südwesten. Ich komme vorbei am Kinzigstausee, fahre durch Bad Soden-Salmünster mit seiner schönen Altstadt und weiter bis nach Wächtersbach.

Als Tagesziel hatte ich die DJH Linsengericht bei Gelnhausen vorgesehen, aber ich entscheide mich für eine Übernachtung in dem schönen und modernen Gasthof „Zur Quelle" in dem Ortsteil Wächtersbach-Aufenau. Für das dortige schöne Zimmer zahle ich 42,00 €. Da dieser Ort nach meiner Einschätzung nicht viel Sehenswertes zu bieten hat, gönne ich mir eine Auszeit, schlafe tief und fest und sehe mir am Abend das Endspiel der Champions-League an, dass der FC Bayern München mit 0:2 gegen AC Mailand verliert.

Tagesleistung Fulda - Wächtersbach:
62 Km, 03 Stunden und 55 Minuten

Wächtersbach – Großwallstadt

Heute ist Pfingstsonntag. Der Gasthof ist anscheinend überregional bekannt und beliebt, denn er ist mehr als voll mit Gästen, die sich hier einquartiert haben.

Um 09:15 Uhr sitze ich auf meinem Fahrrad. Heute ist es wieder warm, für diese Uhrzeit nach meinem Geschmack schon zu warm. Das Wetter verspricht einen heißen Tag. Ich habe mich morgens schon auf die zu erwartenden Temperaturen eingestellt und entsprechend gekleidet. So trage ich erstmals auf dieser Tour meine kurze Radlerhose, dazu ein dünnes Bike-Shirt und die rote Bike-Jacke.

Die Landschaft hier im Kinzigtal ist sehr schön. Der für mich schönste Streckenabschnitt beginnt bei Bad Soden und endet ca. drei Kilometer vor Gelnhausen. Danach werden die Radwege immer schlechter. Das gilt auch für deren Ausschilderung.

Ich bin froh, mich auf mein Navi verlassen zu können. Er leistet mir jetzt gute Dienste, auch weil ich ihn gut behandele. Jeden Abend hänge ich ihn an das Ladegerät und klebe am nächsten Morgen die mit einer Gummidichtung zu verschließende „Steckdose" für das Ladekabel zusätzlich noch mit einem wasserfesten Isolierband zu, damit kein Regenwasser eindringen kann. Auf diese Weise will ich einer möglichen Korrosion vorbeugen, die zu einem Kurzschluss und zur Zerstörung des Gerätes führen könnte.

Ich habe festgestellt, dass der Akku bei eingeschalteter und auf die höchste Helligkeitsstufe eingestellte Tageslicht-beleuchtung 13 Stunden durchhält, ohne zu schwächeln. Dabei ist das Display des Gerätes auch bei starker Sonneneinstrahlung noch gut lesbar. Selbst stundenlanger Starkregen konnte dem Navi bisher nichts anhaben.

Im Zick-Zack-Kurs geht es durch das Kinzigtal weiter Richtung Süd-Westen. Manchmal kommen mir auf der teilweise schlechten Strecke Zweifel, ob es nicht doch besser gewesen wäre, dem Ratschlag des „Besserwissers" aus Melsungen zu folgen. Der wollte mir den Radweg R 3 ausreden und den „Vulkan Radweg" schmackhaft machen.

Nun ist es so, dass ich einerseits mit „Empfehlungen" oftmals schlechte Erfahrungen gemacht habe, andererseits auch sehr viel Arbeit in die Planung meiner Radtour investiert habe. Viel Zeit habe ich auch dafür aufgebracht, ein ausgewogenes Verhältnis zwischen optimalem Vorwärtskommen und Sightseeing zu erreichen. Eine Planänderung hätte zur Folge, dass ich bestimmte Sehenswürdigkeiten ausklammern müsste. Um auf den „Vulkan-Radweg" zu kommen, hätte ich schon vor dem Ort Schlitz nach

Lauterbach abbiegen müssen und hätte weder diesen schönen mittelalterlichen Ort noch die Barockstadt Fulda gesehen, was wirklich sehr schade gewesen wäre.

Es geht also planmäßig weiter und bald erreiche ich den „Limes-Radweg", der aber nur auf meinem Navi zu existieren scheint, weil er mangelhaft ausgeschildert ist. Ganz selten sehe ich an einem Baum ein kleines, kaum erkennbares und für nicht Eingeweihte nichtssagendes Zeichen – schade!

Auf dem „Limes-Radweg" fahre ich lange Zeit durch einen Wald. Er erinnert mich sehr stark an den Kottenforst bei Bonn, in dessen unmittelbarer Nähe wir lange Zeit gewohnt haben. Wie oft haben wir dort nach Feierabend oder am Wochenende sehr schöne Ausflüge und Radtouren unternommen. Unsere Waldausflüge wurden immer unterbrochen durch die Einkehr in schöne Waldgaststätten und Gasthäuser. Von solchen ist hier weit und breit nichts zu sehen.

Irgendwo in dieser Gegend zwischen Linsengericht und Aschaffenburg muss die Landesgrenze nach Bayern, dem südlichsten Bundesland meiner Radreise liegen. Der Radweg endet in Großkrotzenburg. Von hier aus ist es nicht mehr weit bis zum „Main Radweg".

Zum ersten Mal auf meiner Tour habe ich das Gefühl, ein großes Etappenziel erreicht zu haben. Vermutlich liegt das an dem sehr beeindruckenden, andersartigen Landschaftsbild, das ich hier sehe. Ich bin stolz auf meine Leistung und fahre hochmotiviert weiter am Main entlang, jetzt im hessischen Landkreis Offenburg.

Im Biergarten des Segelklubs Seligenstadt belohne ich mich mit einem Schnitzel und einem Weißbier, das mir dort von freiwilligen Küchenhelfern serviert wird.

Ich bin erstaunt über meine Fitness und begeistert von meinem Sattel, der mein Hinterteil bisher verschont hat. Von meinem Po spüre ich überhaupt nichts. Meine Wund- und Heilsalbe hätte ich getrost zuhause lassen können.

Was doch eine fachkundige Beratung bei einem guten Fahrradhändler ausmacht! Beim Kauf meines Fahrrades hatte ich Glück, von einem sehr kompetenten Verkäufer bedient zu werden, auf dessen Erfahrungen ich mich auch bei der Auswahl des Ledersattels abstützen konnte.

Auf dem bayerischen Teil des Main-Radweges im unterfränkischen Landkreis Aschaffenburg ist der Teufel los. Kein Wunder bei diesem Wetter. Alles was Räder hat, ist mit Kind und Kegel unterwegs, was mein zügiges Weiterkommen erschwert.

Radfahrer mit und ohne Gepäcktaschen, Roller-Skater, Mountain-Biker, Rollschuhfahrer, Rollbrettfahrer, Kinderwagenschieber und Rollstuhlfahrer.

So etwas muss man mal gesehen und erlebt haben. Kinder laufen kreuz und quer und ihnen hinterher die Eltern, die sie einzufangen versuchen. Aber auch Oma und Opa, die nicht mehr so genau registrieren, ob sie auf einem Fuß- oder Radweg unterwegs sind, bremsen mein Vorwärtskommen. Herumlaufende Hunde, Katzen und sonstiges Getier verlangen meine ganze Aufmerksamkeit.

Angenehm überrascht bin ich über die Gelassenheit, die hier zu spüren ist. Von ihr lasse ich mich anstecken. Alle die hier und heute unterwegs sind haben mit mir ein gemeinsames Ziel, den wunderschönen Tag in dieser herrlichen Landschaft zu genießen und den Alltagsstress hinter sich zu lassen.

Am Main entlangfahrend erreiche ich die schöne Stadt Aschaffenburg, die mit ca. 68.000 Einwohnern zweitgrößte Stadt Unterfrankens. Schon von weitem sehe ich das hoch oben über dem Maintal liegende Wahrzeichen der Stadt, das imposante Schloss Johannisburg, dessen roter Sandstein in der Sonne leuchtet.

Hier in Aschaffenburg zeigt mein Navi, dass ich den Main queren und auf dem Radweg des linken Ufers weiterfahren soll. Die Strecke dort ist sehr schön. Ich sehe großartige Villen am Main-Ufer und genieße herrliche Ausblicke auf das Maintal und den dahinter liegenden Spessart. Auf dieser Uferseite fahre ich im unterfränkischen Landkreis Miltenberg bis Großwallstadt.

Dort angekommen habe ich das Gefühl, dass es für heute reicht. Der Tageskilometerzähler zeigt 83 gefahrene Km an. Ich suche mir ein Quartier und finde für 38,00 € ein freies Zimmer im „Café Bönchen".

Nach der Dusche begebe ich mich zu einem nur 50 Meter entfernten Biergarten. Er befindet sich in einem romantischen Innenhof. Am Spätnachmittag treffen dort nach und nach immer mehr Gäste ein.

Der Innenhof ist umgeben von alten Scheunen und Gebäuden, die der Getränkelagerung, dem Ausschank und der Speisezubereitung dienen.

Zu der illustren Gesellschaft gesellt sich ein Akkordeonspieler und gibt sein Können zum Besten. Alte Volkslieder wechseln mit Schlagern aus den 50´er und 60´er Jahren. Es geht lustig zu, und die Stimmung wird immer launiger. Mit meiner Kamera drehe ich einige Kurzfilme, um dieses schöne Erlebnis festzuhalten.

Ich habe Appetit bekommen und verspüre einen Heißhunger auf Haspel (Haxen) mit Sauerkraut. Die lustige Gruppe lädt mich zu sich an den Tisch ein und erwartet Antworten auf die Fragen nach dem „woher" und „wohin". Ungläubiges Staunen und große Anerkennung sind das Ergebnis. Dann fällt der mir schon bekannte Satz: „Oh, da hast Du aber noch ein ganzes Stück vor Dir". Ich muss laut lachen und meinen verdutzten Tischnachbarn den Grund hierfür erklären.

Nach und nach werde ich mit dieser fröhlichen Runde vertrauter und lerne meine Tischnachbarn näher kennen. Klaus ist der Vorstand des 70-köpfigen Freizeitclubs FSV. Diesem gehören auch Edith, Margit und Schorsch (Georg) an, der zugleich auch Vorstand des hiesigen Karnevalsvereins ist. Das Akkordeon spielt ein 83 Jahre alter ehemaliger Berufsmusiker. Er erzählt mir, dass er in jüngeren Jahren als Cello-Spieler dem Orchester Kurt Edelhagen angehörte und mit diesem die ganze Welt bereist hat. Sein etwas seltsam aussehendes Akkordeon hatte er aus den USA mitgebracht. An dessen Seite sind kleine trompetenartige Gebilde angebracht, aus denen die tiefen Töne entweichen. Es ist ein wohlklingendes, schönes Instrument, das er professionell spielt.

Alle Anwesenden aus dieser Runde kommen aus Groß Umstadt, Schaafheim und Freudenberg, Orte im Dreiländereck Hessen, Baden-Württemberg und Bayern. Auf meine Frage nach dem hier in der Nähe liegenden Grenzverlauf, erhalte ich mehrere, voneinander abweichende Antworten. Das ist auch kein Wunder, denn der Alkohol fliest mittlerweile in Strömen.

Die Männer trinken überwiegend Bier, die Frauen Äppelwoi. Zwei weitere Frauen, Mutter und Tochter, gesellen sich zu uns. Es sind Ingrid und Katja, ihre Tochter. Beide sind mit dem Fahrrad von Frankfurt kommend Richtung Graz/Österreich unterwegs. Sie wollen ihren Sohn und Bruder besuchen, der dort studiert.

Wie sich herausstellt, wohnen beide Frauen ebenfalls im „Café Bönchen" und wollen auf ihrer Weiterfahrt nach Süden zum großen Teil die gleiche Strecke fahren wie ich. Sie geben mir zu verstehen, dass sie froh wären, wenn ein Mann sie auf ihrer Tour begleiten würde, der ihnen im Falle einer Panne helfen könne. Hierzu verspüre ich absolut keine Lust. Als sie mir erzählen, dass sie täglich nicht mehr als 40-50 km fahren und morgens erst einmal ausschlafen wollen, sehe ich mich auch nicht in „fahrradkameradschaftlicher Pflicht", die beiden zu begleiten.

Als die Zwei am nächsten Morgen um 08:30 Uhr zum Frühstück erscheinen, sitze ich schon auf meinem Fahrrad, kann mich aber noch von ihnen verabschieden und ihnen eine gute Weiterfahrt wünschen.

Tagesleistung Wächtersbach – Großwallstadt:
82,7 km, 04 Stunden und 40 Minuten

Großwallstadt – Ittigheim

Obwohl morgens die Sonne scheint, und ich das Gefühl habe, wieder in einen schönen Tag hineinzufahren, muss ich heute auf meine kurze Radlerhose verzichten. Der Grund hierfür ist ein starker Sonnenbrand auf meinen Oberschenkeln und Oberarmen. Den habe ich mir gestern zugezogen, als ich den ganzen Tag in kurzer Hose gegen eine kräftig scheinende Sonne gefahren bin.

Für mich ist dies eine neue Erfahrung, denn im Normalfall bin ich recht unempfindlich gegen UV-Strahlung und werde sehr schnell braun. Vermutlich waren es die ausgeschwitzten, wie Brenngläser wirkenden Salzkristalle, die meine vom langen Winter empfindlich gewordene, noch nicht an die Sonne gewöhnte Haut strapaziert haben. Aber wozu habe ich Sonnenmilch im Gepäck. Gut das Ute darauf bestanden hat, einen höheren Schutzfaktor zu wählen.

Die Strecke mainaufwärts ist landschaftlich reizvoll und die Radwege sind gepflegt. So liebe ich es. Immer noch bin ich auf dem „Limes-Radweg" unterwegs. Erst später ist dieser Radweg als „Main-Tauber-Fränkischer Radachter" ausgeschildert.

Bei Freudenberg verlasse ich den Freistaat Bayern und komme in das Bundesland Baden-Württemberg.

Im dortigen Main-Tauber-Kreis führt mich der Radweg durch schöne, vom Tourismus geprägte Orte. Sie alle hätten es verdient, wenn ich ihnen mehr Zeit für eine ausgiebige Besichtigung eingeräumt hätte, aber ich will weiter, denn hier ist der Teufel los. Insbesondere in Wertheim. Dort wo die Tauber in den Main mündet, sind viele Touristen unterwegs.

Die Menschenmassen machen es mir unmöglich, mich hier wohl zu fühlen. Ich war schon darauf eingestellt, dass Wertheim wegen seiner idyllisch gelegenen Burg und der vielen gut erhaltenen Fachwerkhäuser ein beliebtes Ausflugsziel sein wird, aber dieser Menschenandrang hier übertrifft alle meine Erwartungen.

Mir fällt auf, dass heute die Familie im Vordergrund steht. Oma, Opa, Onkel, Tante, Kind und Kegel haben sehr viel Zeit. Ich komme nur langsam voran, weil einige Leute immer wieder den Radweg mit dem Gehweg verwechseln.

Es wird immer heißer an diesem Tag, und ich bin froh, als ich hinter Wertheim in das Schatten bietende Taubertal abbiegen kann. Dort wird es erheblich ruhiger und ich lasse die landschaftlich schöne und kulturell sehr reizvolle Strecke auf mich wirken.

Der Radweg, auf dem ich mich jetzt befinde, heißt „Liebliches Taubertal", ist 100 km lang und führt von Wertheim bis Rothenburg o. d. T. Mit der Bezeichnung des Radweges ist die Landschaft gemeint und weniger der Radweg selbst, denn auf ihm geht es rauf und runter, wie ich es nie zuvor auf meiner bisherigen Tour erlebt habe.

Das Fahren mit Gepäck ist sehr anstrengend. „Klettersteig" wäre ein angemessener Name für diesen Teil der Strecke gewesen. Die Landschaft hier ist aber wirklich sehr schön, lieblich und einsam.

In Dittigheim komme ich an einem Gasthof mit Biergarten vorbei. Dort sitzen die Gäste und genießen die wärmende Sonne. Meine Motivation für ein Weiterfahren tendiert gegen Null, als ich auf meinem Tacho Tageskilometerstand von 94 ablese. Spontan steige ich vom Fahrrad, sichere es am Gartenzaun und frage im Gasthof „Zum Engel" nach einem freien Zimmer. Es wird mir für 29,00 € angeboten.

Jetzt geht alles sehr schnell. Zimmer beziehen, auspacken, umpacken und Vorbereitung auf den nächsten Tag – alles Routine. Nur noch schnell unter die Dusche und zum Nickerchen ins Bett. Das ist Erholung pur.

Mein Abendessen nehme ich im Biergarten ein, und bei zwei Gläsern vom heimischen Wein lasse ich den Tag Revue passieren und ausklingen.

Am nächsten Morgen wache ich wie neu geboren auf und freue mich auf das Frühstück. Als ich für meine 29,00 € noch ein sehr gutes und reichhaltiges Frühstück serviert bekomme, verlasse ich diesen gastfreundlichen Ort nur ungern und halte ihn noch für lange Zeit in guter Erinnerung.

Tagesleistung Großwallstadt - Ittigheim:
94 Km, 05 Stunden und 37 Minuten

Ittigheim – Rothenburg o.d.T. / Detwang

Bis Gamburg ist der Radweg im Taubertal sehr anstrengend. Danach wird es besser. Sehr schön ist der Ort Weikersheim mit seinem weltbekannten Schloss. Es stammt in Teilen aus dem 12. Jahrhundert und wurde im Verlauf seiner Geschichte von einem Wasserschloss zu einem Renaissanceschloss umgebaut.

Dort, vor dem gut erhaltenen Schloss mit seinem dahinter liegenden sehr schönen Barockgarten, sitze ich auf dem Marktplatz dieser mittelalterlichen Altstadt in der Sonne, trinke einen Kaffee und bewundere das harmonischen Stadtbild aus Kirche, Rathaus, Schloss und den dazwischen liegenden Fachwerkhäusern, bevor es auf dem Radweg „Liebliches Taubertal" weitergeht.

Nachdem ich den Ort Bieberehren passiert habe, wird das Taubertal sehr ursprünglich. Mein Weg führt mich durch eine scheinbar unberührte Natur an vielen Streuobstwiesen vorbei.

Mein Navi kann ich heute nicht einsetzen, weil sein Akku leer ist. Gestern Abend habe ich versäumt, ihn an das Ladegerät zu hängen. War der Wein Schuld daran? Auf diesem gut ausgeschilderten Radweg geht es auch ohne ihn, zumal es in diesem Tal keine

Alternativrouten gibt und ich mich nicht verfahren kann.

Nach einiger Zeit erreiche ich die ehemalige, jetzt zum Radweg ausgebaute Bahntrasse der Gautalbahn. Sie führt mich in den Ort Creglingen, dem Heimatort unserer Meckenheimer Freundin Gabi. Gerne hätte ich diesen Ort näher erkundet, doch für eine Übernachtung ist es noch zu früh.

Es ist Mittagszeit, als ich mich auf einem sonnigen Plätzchen vor dem Gasthof „Zum Hirschen" zur Mittagsmahlzeit niederlasse. Für einen sehr guten Schweinebraten mit Spätzle und Salat und zwei Gläser des hiesigen „Herbsthäuser" Bieres zahle ich insgesamt 11,50 €. Hier kann man noch einen preiswerten Urlaub verbringen.

Natürlich schreibe ich eine Ansichtskarte an Gabi und stecke sie in den nur dreißig Meter von mir entfernten Briefkasten. Außer mir sind hier noch weitere Radfahrer eingekehrt. Ein sportliches Ehepaar hat seine interessant gestylten Rennräder in der Nähe meines Tisches abgestellt. Das Rennrad des Mannes trägt die Bezeichnung „Karma-Race" (Karbonrad?) und das Damenrad „Lorini L82".

Kurz hinter Creglingen geht es steil bergauf nach Archs-hofen. Oben auf der Höhe treffe ich einen älteren Einzelfahrer aus Backnang. Wir kommen ins Gespräch und er erzählt mir, dass er seit vielen

Jahren größere Touren unternimmt und immer nur als Einzelfahrer unterwegs ist. Das hätte für ihn viele Vorteile. Er ist völlig unabhängig, braucht auf niemand Rücksicht zu nehmen und kann seine Zeit und die anzufahrenden Orte so einteilen, wie er dies gern möchte. Da sich meine Vorstellungen mit den seinigen decken, kann ich ihm in dieser Hinsicht nur zustimmen.

Für dieses Jahr hat er sich Thüringen, Sachsen und die Tschechei vorgenommen. In einem großen Bogen will er durch diese Länder fahren, bis ihn sein Weg zurück nach Backnang führt.

Unserem Gespräch entnehme ich, dass er sehr viel Erfahrung hat, von denen er mich profitieren lässt und mir noch wertvolle Hinweise und gute Tipps mit auf den Weg gibt. Bevor sich unsere Wege trennen, möchte er noch meine Rohloff-Schaltung ausprobieren und dreht eine Runde mit meinem Fahrrad. Er scheint ganz angetan zu sein, dennoch habe ich irgendwie das Gefühl, dass er doch nicht auf seine gewohnte Kettenschaltung verzichten möchte.

An dieser Stelle möchte ich erwähnen, dass ich mit der „Rohloff" hochzufrieden und froh bin, die richtige Entscheidung getroffen zu haben.

Auf meinem Weg nach Rothenburg o. d. T. komme ich wieder nach Bayern. Im mittelfränkischen

Landkreis Ansbach werde ich kurze Zeit später von einem schweren Gewitter überrascht. Was soll ich machen? Weit und breit sind weder ein Ort noch eine Unterstellmöglichkeit in Sicht.

Vor einem Gewitter auf freiem Gelände habe ich großen Respekt. Mein weiß nie, auf welchem Wege sich die in ihnen steckenden Energien entladen. Schnell stelle ich mein Fahrrad an die Seite, nehme den Helm ab, ziehe die Regenjacke an, und stülpe die Gamaschen über meine Schuhe. Kaum bin ich damit fertig, geht das Spektakel los. Es schüttet wie aus allen Rohren. Dann folgen unaufhörlich Blitz und Donner. Das Gewitter kommt immer näher und weiß offenbar nicht, wohin es in diesem Tal ziehen soll. Über mir wird es gefangen gehalten.

Ich setze mich auf einen Holzstapel und warte der Dinge, die jetzt kommen. Vor Starkregen bin ich durch meine Kleidung geschützt, aber auch vor niedergehenden Blitzen? Mir wird sehr schnell klar, dass ich hier der höchste Punkt im Gelände bin, was mir gar nicht gefällt. In kurzer Zeit ist auch der Holzstapel vom Regen durchnässt und dadurch möglicherweise ein guter Leiter für die sich entladenden Energien.

Wie so etwas ausgehen kann, will ich mir in dieser Situation nicht ausmalen, aber ich denke unwillkürlich an meine Erfahrungen mit unserem am Rande des Schilfgürtels am Wittensee liegenden

Segelbootes. Die Situation war die gleiche und endete mit dem Einschlag eines Blitzes in den Mast unseres Bootes. Zum Glück war zu dieser Zeit niemand an Bord, aber der angerichtete Schaden war doch beträchtlich.

Mir ist nicht wohl bei dem Gedanken, allein auf weiter Flur von einem Blitz getroffen zu werden. An schnelle Hilfe ist in einem solchen Fall nicht zu rechnen. Was soll ich bloß machen? Endet meine Radtour etwa im „Lieblichen Taubertal"?

Während ich noch darüber nachdenke, was in solchen Fällen zu tun ist, schlägt unweit von mir ein Blitz ein. Ein zeitgleicher Donner droht mein Trommelfell zu zerreißen. So etwas habe ich in meinem ganzen Leben noch nicht erlebt.

Jetzt fällt es mir wieder ein, was Experten in einem solchen Fall empfehlen. Ich muss runter vom nassen Holzstapel und weiter weg von diesem in die Hocke gehen, mich ganz klein machen und keine Schrittspannung erzeugen.

Das von mir ca. 10 Meter entfernte Fahrrad ist jetzt der höchste Punkt im Gelände. Doch wie lange kann ich in dieser Hockstellung verharren? Mir tun schon die Kniekehlen weh, und die Zeit bis zum langsamen Abzug des Gewitters erscheint mir unendlich lang. Schließlich verabschiedet es sich mit dem nachhaltigen Grollen eines Verlierers.

Als ich schon glaube, das Schlimmste überstanden zu haben, überfällt mich ein wolkenbruchartiger Regen, der das Gebiet um mich herum in kürzester Zeit in eine Seenlandschaft verwandelt. Als wenn ich nicht schon genug gepeinigt bin, schießen plötzlich zu allem Überfluss gewaltige Wassermassen von den höher gelegenen Flächen herunter und auf mich zu. Gerade kann ich mein Fahrrad noch in Sicherheit bringen, bevor es von dem schnell vorbeifließenden Wasser mitgerissen wird.

Doch so schnell wie dieses schwere Unwetter aufzogen war, ist es auch wieder vorbei, obwohl mir die Zeit dazwischen unendlich lang erschien. Als könnte er kein Wässerchen trüben, zeigt sich der Himmel jetzt tiefblau. Mir aber sitzt der Schreck noch in den Knochen und ich weiß im Nachhinein nicht, was schlimmer war, Blitz und Donner oder die vom Himmel und den Berg herunterstürzenden Wassermassen. Nur weg von hier, sage ich mir und schwinge mich auf mein treues und teures Gefährt, um Rothenburg entgegen zu fahren.

Dem soeben erlebten Spektakel folgt ein gewaltiger Temperatursturz. Über den Wiesen im Tal sehe ich Unmengen von Wasserdampf aufsteigen, ein für mich in diesem Ausmaß noch nie gesehenes Bild.

Ich erreiche Detwang, einem Ortsteil von Rothenburg. Mir reicht es für heute. Ich habe keine Lust mehr an einer Weiterfahrt. Als ich an der

„Tauberstube" vorbeikomme, steige ich spontan vom Fahrrad. Der alte, aber renovierte Gasthof macht einen sehr gepflegten Eindruck und ist geschmackvoll eingerichtet. Wieder habe ich Glück und bekomme ein Zimmer.

Nach der üblichen warmen Dusche und dem ebenso natürlichen Nickerchen komme ich mit dem Gastwirt ins Gespräch. Wie sich herausstellt, kommt er auch aus Creglingen. Als ich zur Stadtbesichtigung nach Rothenburg aufbrechen will, empfiehlt er mir einen kurzen, aber steilen Weg dorthin und sagt mir, dass ich Rothenburg in einem 20-25-minütigen Fußmarsch erreichen würde. Obwohl der Weg dorthin immer nur steil bergauf geht, erreiche ich Rothenburg schon nach 15 Minuten. Ich bin in perfekter körperlicher Verfassung und freue mich über meine zwischenzeitlich antrainierte Kondition.

Rothenburg ob der Tauber ist eine der bekanntesten Städte Deutschlands. Zwar war ich in früheren Zeiten schon zweimal an diesem Ort, dennoch bin ich vom Flair und der Schönheit dieser Stadt immer wieder begeistert. Die Altstadt ist umgeben von einer fast vollständig erhaltenen Stadtmauer mit Wehrtürmen.

Mein Hauptinteresse an diesem Abend gilt jedoch nicht der Altstadt, sondern einem gemütlichen Gasthof, nach dem ich Ausschau halte, um dort neue Kräfte zu sammeln. Als ich am

„Reichsküchenmeister" vorbeikomme, gefällt mir dessen gut besuchter Biergarten. Dort kehre ich ein und lasse den Tag ausklingen. Noch bevor es dunkel wird, bin ich zurück in der „Tauberstube" und schlafe tief und fest dem neuen Tag entgegen.

Tagesleistung Ittigheim – Rothenburg o. d. T. / Detwang: 68 Km, 04 Stunden

Rothenburg o.d.T. – Detwang - Dinkelsbühl

Beim Frühstück erzählt mir der Wirt der Tauberstube", dass es die ganze Nacht über geregnet hat. Mein Blick aus dem Fenster bestätigt seine Aussage. Es muss sehr kräftig geschüttet haben, denn das Wasser ist noch nicht überall abgeflossen.

Es ist sehr kalt und in der „Tauberstube" ist die Heizung schon abgestellt. Ich bin ein wenig in Sorge um meine noch feuchte Wäsche, denn am Tag zuvor war bei mir mal wieder Waschtag. Kurzerhand wickele ich meine Wäschestücke in Handtüchern ein und verpacke sie in meinen Gepäcktaschen.

Auf dem Radweg „Romantische Straße", der in Rothen-burg beginnt und in Füssen endet, will ich heute bis Dinkelsbühl fahren. Der Weg dorthin ist sehr anstrengend. Von wegen „Romantische Straße"! Dasselbe Spiel wie im „Lieblichen Taubertal". Man muss sich nur die richtigen Namen für anstrengende Radwege einfallen lassen, damit diese auch befahren werden.

Kurz nach meinem Aufbruch Richtung Süden verlasse ich das schöne, naturbelassene Taubertal mit seiner freundlichen Menschen, kleinen Weinorten, historischen Klöstern, alten Mühlen und zahlreichen historischen Städten.

Als ich durch den Ort Schillingsfürst fahre, fällt mein Blick auf die Quelle der Wörnitz, einem Nebenfluss der Donau, der diese nach 132 Km bei Donauwörth erreicht. Mindestens viermal muss ich vom Rad absteigen und schieben. Manchmal frage ich mich, was schwerer bzw. leichter ist, das Fahrrad mit dem schweren Gepäck zu schieben oder auf dem Fahrrad sitzend im kleinsten Gang das zusammen mit meinem Körpergewicht errechnete Gesamtgewicht von 126 Kg den Berg hinauf zu bewegen. So oder so – ich stelle wieder einmal fest, dass ich viel zu viel Gepäck mitgenommen habe. Da fehlt eben doch noch die Erfahrung. Vernünftigerweise sollte ich ein Paket packen und die überflüssigen Sachen nach Hause schicken.

Die Landschaft hier in dieser Gegend ist nicht besonders reizvoll, und der Radweg langweilig. Es ist Wochentag, und die Dörfer sind wie ausgestorben. Ihre Einwohner gehen in den größeren Städten ihrer Arbeit nach. In diesem vorwiegend landschaftlich geprägten Landstrich gibt es keine Industrie.

Mein Navi führt mich zielsicher nach Dinkelsbühl und zur dortigen Jugendherberge, einem früheren Getreidespeicher. Das Glück ist auf der Seite der Tüchtigen sage ich mir, nachdem mir die Heimleitung wieder ein Einzelzimmer zuweisen kann, obwohl hier ein sehr reger Betrieb herrscht, und die Herberge ausgebucht zu sein scheint.

In meinem Zimmer stehen 4 doppelstöckige Betten. Dort kann ich mich ausbreiten und meine frisch gewaschene Kleidung gut trocknen.

Nach der Arbeit das Vergnügen, es geht in die Stadt. Auf Dinkelsbühl, mit seinem besonders gut erhaltenen mittelalterlichen Stadtbild, bin ich sehr neugierig. Vor vielen Jahren waren Ute und ich schon einmal hier, als wir auf der Rückfahrt von unserem Kuraufenthalt in Bad Kohlgrub zu unseren Freunden in Wiesentheid hier Halt machten, um uns die Stadt anzusehen.

Die Altstadt ist umgeben von einer 2,5 Km langen Stadtmauer mit sehr vielen Türmen. Die Luft ist sauber und klar. Heute ist ideales Fotowetter und mir gelingen ein paar schöne Schnappschüsse.

Ich verspüre Hunger und begebe mich zu der mir von der DJH-Leiterin empfohlenen Gaststätte „Die Glocke". Leider ist der Zutritt dort einer geschlossenen Gesellschaft vorbehalten. Aber es gibt hier in dieser Touristenhochburg genug Alternativen. So lande ich schließlich im „Eisenberg" o. ä., einem gepflegten, aber von der Sonne sehr aufgeheizten Restaurant in der City. Die Preise hier sind akzeptabel.

Um 21:00 Uhr will ich an der von der DJH-Leiterin ebenfalls empfohlenen Nachtwächterführung teilnehmen und bin rechtzeitig am

Versammlungsort. Wegen des einsetzenden Regens findet diese Führung jedoch nicht statt, und ich so komme an diesem Abend mal wieder früh ins Bett.

Tagesleistung Rothenburg o.d.T. / Detwang – Dinkelsbühl: 70 Km, 5 Stunden

Dinkelsbühl – Donauwörth

Als ich wach werde und aufstehe, ist es 06:30 Uhr. Es ist kaum zu glauben, aber wieder hat es in der Nacht geregnet. Der Himmel ist grau und bei seinem Anblick erwarte ich, dass es den ganzen Tag regnerisch bleiben wird. Mit neuer Kraft geht es nach dem Frühstück weiter. Trotz des schlechten Wetters sind mein Optimismus und mein Durchhaltewille ungebrochen.

Tiefschwarze Wolken hängen über der Stadt, als ich mein Fahrrad auf die Straße schiebe. Noch regnet es nicht. Heute bin ich früh dran und kann viel schaffen. Die vom Regen rein gewaschene, frische Luft tut gut. Ich genieße es, in tiefen Zügen durchatmen zu können. Beim Radfahren kann ich Hitze oder schwüle Luft nicht gebrauchen. Schnell komme ich voran.

Nach ca. 3 Km wird das Fahrrad instabil und fährt im hinteren Bereich wie auf Eiern. Bei einem Blick auf meinen Hinterreifen wird mir schnell klar, dass ich in Kürze auf der Felge fahren werde. Der Reifen verliert an Luft. Also erst einmal runter vom Rad und überlegen, was zu tun ist.

Als ich mich umschaue, sehe ich eine schwarze Regenfront auf mich zukommen. Weit und breit ist keine Unterstellmöglichkeit zu sehen. Es hilft nichts, ich muss mich entscheiden. Entweder zurück nach Dinkelsbühl oder weiter in Richtung Tagesziel, das ist die Frage. Sie ist schnell beantwortet. Es entspricht nicht meinem Naturell, zurückzugehen, es sei denn, die Logik fordert es so. In diesem Fall habe ich jedoch das untrügliche Gefühl, die richtige Entscheidung zu treffen. Also schiebe ich mein Fahrrad in Fahrtrichtung weiter.

Ich soll Recht behalten und habe Glück im Unglück. Nach nicht einmal hundert Metern sehe ich hinter einer Abbiegung einen großzügig gestalteten kreisrunden Unterstellplatz mit Bänken, wie für mich und die zu erwartenden Aktivitäten geschaffen. Es ist nicht zu glauben aber wahr. Kaum habe ich den Unterstellplatz erreicht, stürzt ein Wolkenbruch vom Himmel. Was bin ich froh, ein schützendes Dach über dem Kopf zu haben.

Jetzt aber ran ans Fahrrad. Auf das, was mich bei der Reparatur erwartet, bin ich schlecht vorbereitet. Ich hätte besser daran getan, mich vor Antritt meiner Radtour mit der Technik meines Rades auseinanderzusetzen. Seltsamerweise trifft es bei einer Reifenpanne meistens das Hinterrad. Vermutlich liegt es daran, dass das Vorderrad beim Überfahren eines spitzen Steins diesen erst hochschleudert und der Stein dann am Ende seiner Flugbahn zur Erde vermutlich vom Hinterrad erfasst wird. Ich weiß es nicht. Es ist auch mühsam, in dieser misslichen Lage darüber nachzudenken. Jetzt ist erst einmal Handeln angesagt.

Also – zunächst das Gepäck runter vom Fahrrad, und zwar in der richtigen Reihenfolge. Mein Missgeschick auf dem Kasseler Bahnhof lässt grüßen. Das Fahrrad darf auf keinen Fall wieder umfallen.

Zuerst werden die Zubehörteile wie Navi, Tacho etc. abgebaut und das Rad auf den Kopf gestellt. So weit so gut. Aber wie geht es weiter? Muss ich die Bowdenzüge zur Roloff-Nabe abnehmen oder nicht. In weiser Voraussicht habe ich für diesen Fall das Handbuch mitgenommen und könnte dort nachlesen, was zu tun ist. Aber ehrgeizig wie ich bin, will ich zunächst meinen technischen Sachverstand nutzen und selbst auf den richtigen Weg kommen.

Zunächst lasse ich das Hinterrad drehend langsam durch meine Hände gleiten, um den Mantel nach der Wurzel des Übels abzusuchen und tatsächlich werde ich auch fündig und ziehe eine kegelförmige Glasscherbe, die mit ihrer Spitze tief in den Mantel und in den Schlauch eingedrungen ist, heraus. Weil ich weitere Übeltäter nicht finde, öffne ich den Schnellverschluss, der das Hinterrad mit dem Rahmen verbindet und hebe das Rad aus der Gabel. Das gelingt mir wegen des platten Reifens auch ohne Schwierigkeiten. Die Bowdenzüge können also an der Nabe bleiben. Jetzt noch die Kette vom

Zahnkranz nehmen und danach Mantel und Schlauch von der Felge.

Bei diesem Schietwetter verspüre ich keine Lust, mich noch länger mit dem Flicken des Schlauches aufzuhalten. Also krame ich den von zuhause mitgenommenen Ersatzschlauch aus meiner Gepäcktasche und setze ihn in den zuvor wieder um die Felge gelegten Mantel ein.

Das ist der Moment, in dem zwei Radreisende vorbeikommen, anhalten und mich fragen, ob ich Hilfe benötige. Ich winke ab und bedanke mich höflich für die angebotene Unterstützung. Ein netter, kameradschaftlicher Zug von diesen beiden.

Kaum sind sie fort, kommt ein Einzelfahrer, den ich morgens schon in der Jugendherberge getroffen hatte, und bietet mir ebenfalls seine Hilfe an. Ich bin beeindruckt von so viel Hilfsbereitschaft und lehne freundlich dankend ab. Nach dem Austausch eines Grußes und mit vielen guten Wünschen für meine Weiterfahrt radelt er davon.

Kurze Zeit später bin ich mit der Reparatur fast fertig. Ich muss nur noch den Schlauch etwas aufpumpen und den Reifen wieder in das Rad einsetzen. Was für ein Glück, dass ich mir nach dem Verlust meiner Luftpumpe unterwegs eine neue gekauft habe, sonst wäre ich jetzt aufgeschmissen.

Entweder hatte ich die Luftpumpe verloren oder sie wurde mir gestohlen.

Ärgerlich ist, dass jetzt diese Schinderei mit der neuen kleinen Pumpe beginnt. Es gilt, mindestens 4-5 bar auf das Hinterrad zu bekommen. Ganz schaffe ich es nicht, aber es scheint zu reichen. Bei nächster Gelegenheit muss ich dann eben nachpumpen.

Als ich das Rad wieder in die Gabel setzen will stelle ich fest, dass dies mit dem aufgepumptem Reifen nicht geht. Ich hätte entweder zuvor die Bremsbacken der Magura-Bremse ausbauen oder das Rad erst nach dem Einsetzen in die Gabel aufpumpen sollen. So ist das nun einmal, wenn man viel zu selten Radreisetouren unternimmt und daher wenig Routine mit diesen Dingen hat. Mit sanfter Gewalt und einigem Geschick gelingt es mir schließlich doch noch, das Hinterrad zwischen die Bremsbecken zu drücken und in die Gabel zu setzen. Der Rest ist eine Kleinigkeit. Zur Routine geworden ist der Anbau des Zubehörs und der Gepäcktaschen. Es kann weitergehen.

Zwischenzeitlich hat auch der Regen aufgehört. Doch was ist das? Ich spüre eine Unwucht. Sie kommt vom Hinterrad. Hat die Felge beim Fahren mit zu wenig Luft und dem schweren Gepäck einen Schlag bekommen? Das kann nicht sein, schießt es mir durch den Kopf. Du hast ein Fahrrad der

Spitzenklasse, da dürfte die Felge nicht gleich bei der ersten Belastung in die Knie gehen.

Während der Fahrt drehe ich mich um und schaue auf den Hinterreifen. Dort sehe ich, dass der Mantel an einer Stelle etwas ausgewölbt auf der Felge sitzt. Hatte ich etwas falsch gemacht? Sollte ich anhalten und noch einmal alles von vorn durchgehen, auch um größeren Schaden zu vermeiden oder soll ich die Auswölbung zunächst ignorieren in der Hoffnung, dass ein gutes Rad dies aushalten müsse? Allerdings könnte ich dann wohl kaum ein höheres Tempo mehr fahren und müsste bei Talfahrten höllisch aufpassen. Ich entscheide mich für ein langsames Weiterfahren und ignoriere diesen Zustand so gut es eben geht.

Die Wegstrecke ist schlecht. Der Radweg hier hat keine Asphaltdecke und ist vom vielen Regen aufgeweicht. Das Treten fällt schwer. Wind und Regen haben nicht nur ganze Getreidefelder umgelegt, sie haben auch größere Schlammmassen auf den Radweg gespült. Ich muss befürchten, dass ich mir über meinen in Mitleidenschaft gezogenen Mantel wieder einen spitzen Gegenstand oder Sandkörner einfange.

Um 13:15 Uhr erreiche ich im schwäbischen Landkreis Donau-Ries den Klosterort Maihingen. Dort kehre ich in der Klosterschänke zum Mittagessen ein. Die Bedienung meint es gut mit mir und lädt mir eine Portion Spätzle auf den Teller. Ich muss sehr hungrig ausgesehen haben, denn die Portion ist so groß, dass der von mir nach dem Essen übrig gelassene Rest noch doppelt so groß ist, wie die von mir sonst üblicherweise eingenommene Portion. Für dieses Essen, mit vielen Pilzen, zwei großen Stücken Schweinefleisch und einen Salat zahle ich 8,00 €.

Der Weg nach Nördlingen ist eine Zumutung. Von Radweg kann keine Rede mehr sein. Es ist ein besserer Feldweg, aufgeweicht vom vielen Regen, matschig und schlecht ausgeschildert. Wer ist eigentlich verantwortlich dafür, dass ein solcher Weg als „Radweg" ausgeschildert wird?

Während ich hierüber noch nachdenke, komme ich von der zu fahrenden Route ab und verfahre mich so gründlich, dass ich mich trotz meines Navis nicht mehr den richtigen Weg finde und die Situation sich noch verschärft. Statt meinem Navi zu folgen, lasse ich mich von einem örtlichen Hinweisschild verleiten, diesem zu folgen. Es führt mich jedoch in die Irre. Der Weg führt steil bergab und kann wegen seiner Bodenbeschaffenheit nur sehr langsam befahren werden.

Im nächsten Dorf entdecke ich ein Hinweisschild nach Dinkelsbühl. Fahre ich vielleicht in die verkehrte Richtung, etwa in einem großen Kreis? Nachdem ich mein Navi ignoriert habe, zeigt er jetzt keine Route mehr an. Stattdessen meldet er sich ständig mit „Route verlassen, neu berechnen?" Ich bestätige erst mit „nein", doch wieder und wieder erscheint diese Meldung. Dann bestätige ich mit „ja", aber das hilft auch nicht weiter. Die Meldung erscheint wieder.

Schließlich komme ich auf die Idee, den Navi auszuschalten und neu zu starten also zu booten, wie ich es von meinem PC kenne, wenn dieser sich mal wieder „aufgehängt" hat. Das ist die richtige Entscheidung. Zwar zeigt das Display immer noch nicht die von mir programmierte Route an, aber ich komme jetzt auf die glänzende Idee; den sichtbaren Kartenbereich von 120 Meter auf 1,5 Km zu erweitern. Schon sehe ich auf dem Display die lilafarbene Route, die dort von links nach rechts verläuft. Das ist schon mal was, sage ich mir und fahre in die Richtung der lilafarben angezeigten Linie, meiner eingegebenen Route.

Der Weg dorthin geht jetzt auf miesem Untergrund steil bergauf. Oben angekommen, sehe ich ein kleines Hinweisschild auf die richtige Strecke. Hier war ich schon einmal, fällt es mir ein. Ich hatte das Schild schlichtweg übersehen und dadurch gut ½ Stunde und viel Kraft verloren. Ich muss künftig besser aufpassen und meinen Navi mehr als bisher beobachten.

Aus Erfahrung wird man klug. Das ist der Nachteil des Einzelfahrers. Wenn man allein fährt besteht die Gefahr, dass man schnell mal ein Schild übersieht. In der Gruppe ist immer jemand dabei, der das richtige Schild rechtzeitig erkennt und die Mitfahrer informiert.

Schließlich erreiche ich die vom Navi angezeigte Route und befinde mich jetzt auf dem richtigen Weg, wie ich meine.

Bei der Weiterfahrt folge ich meinem Orientierungssinn und achte dabei nicht auf den kleinen Nordpfeil, der ebenfalls auf dem Display sichtbar ist. Nach geraumer Zeit erreiche ich wieder eine Stelle, die mir sehr bekannt vorkommt. Verärgert über meine Dummheit muss ich feststellen, dass ich im Kreis gefahren bin. In Zukunft wird also auch auf den Nordpfeil zu achten sein oder ich muss den Navi an unübersichtlichen Stellen auf Pfeildarstellung umschalten. Das funktioniert relativ einfach. Bei einer einprogrammierten Route zeigt der dicke Pfeil immer nach oben (vorn), solange man sich auf dieser Route befindet. Andernfalls in die Richtung des nächstgelegen, einprogrammierten Wegpunktes. Das sollte man wissen.

Auf diese Weise lerne ich das Wunderding jeden Tag besser kennen und probiere während der Fahrt die vielen Möglichkeiten, die mir dieses kleine Spielzeug bietet. Eine Route nach Navi zu fahren ist großartig, aber manchmal wird man doch verleitet, nach „Gefühl" zu fahren.

Oft habe ich auf meiner Radtour festgestellt, dass die örtlichen Radwege und deren Beschilderung die bessere Alternative zum übergeordneten Radfernweg sind und meist auch eine erhebliche Abkürzung bedeuteten. In solchen Fällen sollte man die Navi-Route mit der örtlich ausgeschilderten Alternativroute abgleichen.

Auch habe ich festgestellt, dass der eine oder andere Dorfbewohner mit der ausgeschilderten Streckenführung nicht einverstanden ist. Wie mir ein Gastwirt erzählte, haben sich auch schon viele Radfahrer bei ihm beklagt und er riet mir, mal an die Offiziellen zu schreiben und auf diese Unzufriedenheit hinzuweisen, denn es gibt aus seiner Sicht bessere Alternativen. Seine Aussage deckt sich mit meinen Erfahrungen und ich bin der Auffassung, dass hier die örtlichen ADFC-Vereine gefragt sind. Aber die tun, wie ich weiß, schon ihr Bestes. Der Radweg „Romantische Straße" ist alles andere als gut, schon gar nicht romantisch.

In einem Dorf vor dem Ort Nördlingen frage ich nach einer Fahrradwerkstatt. Ich will sichergehen, dass mein Hinterrad wieder in Ordnung kommt. Man erklärt mir den Weg zu einem überörtlich bekannten, vermutlich größeren Händler. Aber wie das so ist, man findet den Weg nicht gleich, und so frage ich eine freundliche Autofahrerin, die mit ihrem PKW gerade eine Parklücke verlassen will, nach dem Weg zu der mir genannten Fahrradwerkstatt. Ihre Antwort ist klar: „Vergessen Sie die Werkstatt „Fahrrad XXX", fahren Sie hier weiter, und biegen Sie links in die Einbahnstraße ein, schieben Sie dort ihr Fahrrad ca. 200-300 Meter und biegen Sie dann nach links in eine Seitengasse ein. Dort finden Sie den Betrieb namens Wiedmann o. ä., der Sie sehr gut bedient". Das klingt so überzeugend, dass ich ihrem Ratschlag folge, und mich auf den Weg dorthin mache.

Eine sehr freundliche junge Frau begrüßt mich und fragt nach meinen Wünschen. Ich erkläre ihr, was mit meinem Fahrrad passiert war, und wie ich bei der Reparatur des Reifens vorgegangen bin. Obwohl in dieser Werkstatt sehr viel zu tun ist, kümmert man sich sofort um mich.

Die Unwucht des Hinterrades wird schnell behoben, indem man den Reifen auf 5 bar aufpumpt und der hohe Luftdruck sowohl den Mantel als auch den Schlauch in das Felgenbett drückt. So einfach ist das, und ich habe wieder etwas dazu gelernt. Anschließend montiert man mir noch eine neue Klemmvorrichtung für meine Sattelstütze, die unterwegs auch in Mitleidenschaft gezogen war. Das Originalteil aus Aluminium war mir beim Festziehen mit dem Imbusschlüssel in zwei Teile zerbrochen. Meine Frau würde wieder lachen, wenn sie mich dabei beobachtet hätte und gesagt: „Du mit Deiner Kraft….".

Die Reparatur ist schnell erledigt, und ich halte es für sinnvoll, noch einen neuen Fahrradschlauch mitzunehmen. Auch empfiehlt man mir die Mitnahme eines neuen Mantels „Marathon plus", der auf seiner Innenseite im Bereich der Lauffläche noch verstärkt ist, um kleinere spitze Gegenstände oder Scherben, die den Schlauch beschädigen könnten, zurückzuhalten. Bestens bedient, freundlich und mit den besten Wünschen für meine weitere Tour verabschiedet, radele ich hochzufrieden weiter. So soll es sein, denke ich und stelle fest, dass mein Hinterrad ohne Unwucht wieder perfekt rund läuft.

In Nördlingen fahre ich noch schnell bei einer Bank vorbei, um Geld abzuheben. Die Sonne scheint vom blauen Himmel, als hätte es nie geregnet und in der Stadt ist sehr viel los. Gerne hätte ich mich hier noch länger umgesehen und bedauere, dass ich für diese schöne Stadt, die von Deutschlands einziger rundum begehbaren Stadtmauer umgeben ist, nicht mehr Zeit aufbringen kann. Durch meine Panne und das Aufsuchen der Werkstatt habe ich wertvolle Zeit verloren, und ich will heute noch Donauwörth erreichen.

Der Weg dorthin ist landschaftlich sehr schön. Auch die Radwege sind ausnahmslos gut befahrbar. Es gibt eben doch diese gravierenden regionalen Qualitätsunterschiede. Das hatte ich auch schon auf dem ersten Teilabschnitt meiner Deutschlandradtour festgestellt.

Das nach der Stadt Nördlingen benannte, vor ca. 15 Millionen Jahren durch den Einschlag eines Meteoriten entstandene und heute noch viele geologische Besonderheiten bietende Ries bekomme ich leider nicht mehr zu sehen. Dafür komme ich auf den gut ausgebauten Radwegen schnell voran und erreiche nach ca. 80 gefahrenen Kilometern die schöne Stadt Donauwörth, die ihren Namen der Lage an diesem Fluss verdankt.

Und wieder ist das Glück auf meiner Seite, als ich mich in der dortigen DJH nach einem freien Zimmer erkundige. Es liegt unter dem Dach, dieser erst unlängst wunderbar umgebauten und renovierten Herberge. Sie ist sehr geschmackvoll eingerichtet und ausgestattet und macht einen sehr ansprechenden Eindruck.

Anstrengend ist die Gepäckschlepperei bis hoch in das Dachgeschoss. Das geht nach einer langen Radtour schon an die Nerven, ist aber ein nicht zu vermeidender Nachteil einer solchen Radtour. Schließlich habe ich ja selbst schuld, wenn ich zu viel Gepäck mitschleppe.

Für den Tag angekommen zu sein und ein freies Bett vorzufinden, ist schon ein gutes Gefühl. Getoppt wird es noch, wenn unter der warmen Dusche die Lebensgeister wieder munter werden. Hierhin geht es heute zuerst, bevor ich andere Dinge in Angriff nehme.

Mein Fahrrad und die Gepäcktaschen hätten mittlerweile auch mal eine Dusche verdient. Auf der schlechten Wegstrecke mit aufgeweichten Feldwegen wurden sie stark in Mitleidenschaft gezogen und sind stark verdreckt. Auf den Gepäcktaschen wische ich den größten Schmutz mit einem Schwamm ab, das Fahrrad selbst will ich bei der nächsten passenden Gelegenheit reinigen. Hierzu fehlt mir heute die Motivation.

Nach dem Beziehen meines Bettes mit frischem Bettzeug, dem Umpacken der Gepäcktaschen und den vorbereitenden Tätigkeiten für den nächsten Tag, geht es in neuer alter Frische und mit dem Fotoapparat ausgerüstet in die Altstadt von Donauwörth.

Auf dem Weg dorthin erwartet mich zunächst eine lange, leicht abwärts führende, breite Hauptstraße mit schönen alten und liebevoll restaurierten Häusern. Sowohl diese Straße als auch die Häuser erinnern mich an meine Heimatstadt Lübeck, wo es in der „Breiten Straße" ähnlich aussieht.

Irgendwie zieht es mich Richtung Donau, denn mein Weg führt mich schnurstracks hinunter zur Donaubrücke. Dort unten, zwischen Donau und Wörnitz erreiche ich das etwas zurück gesetzte, gut besuchte und ansprechende Altstadtviertel mit seinen Restaurants und den überwiegend von jungen Leuten besuchten Kneipen. Hier kann man in Ruhe entspannen und dem bunten Treiben zuschauen.

Ich verspüre Hunger, bestelle mir eine Kleinigkeit zu Essen und trinke zwei Gläser Bier, bevor es wieder zurück zur Herberge geht. Unterwegs dorthin werde ich von einem kräftigen Regenschauer überrascht. Gut, dass ich meinen Regenschirm, den ich in Bad Hersfeld gekauft hatte, dabeihabe.

Tagesleistung Dinkelsbühl – Donauwörth:
80,5 Km, 05 Stunden und 17 Minuten

Donauwörth – Augsburg

Um 08:15 Uhr checke ich am nächsten Morgen aus und fahre zunächst wieder zur Wörnitz hinunter und zur Donau, wo ich mir das Zusammenfließen beider Flüsse anschaue und einige Erinnerungsfotos mache, so auch von der Skulptur, die ein schönes Plätzchen in dem von mir am gestrigen Abend besuchten Altstadtviertel ziert. Sie stellt einen Fischer dar, der ein mit Fischen reichlich gefülltes Netz auf dem Rücken schleppt. Das Kunstwerk soll daran erinnern, dass Donauwörth einst von Fischern gegründet wurde.

Mein heutiges Tagesziel ist Augsburg. Im gleichnamigen Landkreis, gleich hinter dem Ort Mertingen, steht am Radweg ein Schild mit der Aufschrift „Naturdenkmal Galgen". Als ich mich umsehe, entdecke ich in ca. 300 Metern Entfernung einen blattlosen Baum, den ich mir als Galgen gut vorstellen kann. Ich fahre in seine Richtung und treffe auf eine Hinrichtungsstätte, wie sie zu gruseligen Vorzeiten wohl üblich war. Bei dem Gedanken einer Hinrichtung an dieser Stätte läuft mir ein kalter Schauer über den Rücken.

Nach einigen Fotos mache ich mich wieder auf den Weg und fahre weiter auf der „Romantischen Straße" - welch eine beziehungsreiche Verbindung!

Im Regierungsbezirk Schwaben ist dieser Radweg zugleich ein Teilstück der „7-Schwaben-Tour". Bei den Gedanken an die 7 Schwaben muss ich im Stillen schmunzeln. Ich denke an die schönen Geschichten von der mir eine besonders in Erinnerung geblieben ist.

Es ist die von der Kahnfahrt auf dem Bodensee. Ich sehe sie bildlich vor mir, diese Burschen, wie sie mit ihrem Kahn auf dem See schippernd einen Schatz versenken, und dort, wo sie diesen über Bord geben, eine Kerbe in die Bordwand schnitzen, um auf diese Weise die Stelle für ein späteres Auffinden des Schatzes zu markieren.

Auf meinem Weg nach Augsburg fallen mir am Wegesrand die vielen kleinen, sehr schön gepflegten Kirchen mit ihren Zwiebeltürmen und die schönen, blitzsauberen Ortschaften auf, aber auch manch ungepflegte Radwegstrecke, die hier als „Romantische Straße" ausgezeichnet ist. Sie ist hier in weiten Bereichen identisch mit dem „Jakobus Pilgerweg", der mich später bis nach Füssen führt.

Beim Anblick der gepflegten Gebäude und meines stark verschmutzen Fahrrades geht es mir wieder durch den Kopf, dass es jetzt höchste Zeit ist, es einer gründlichen Reinigung zu unterziehen. In dem jetzigen Zustand kann ich mich nirgendwo mehr sehen lassen. Aber für eine Reinigung bedarf es einer passenden Gelegenheit. Ich muss mich noch gedulden.

Schließlich erreiche ich den Lech. Auf einem festen, schnurgeraden Weg des rechten Ufers fahre ich Augsburg entgegen. Als ich an dem Schild mit der Aufschrift „Lech" vorbeikomme, fällt mir spontan der während meiner Schulzeit im Geographieunterricht gelernte Merksatz ein: „Iller, Lech, Isar, Inn fließen in die Donau rin, Altmühl, Naab und Regen, fließen ihr entgegen". In meinem Reiseführer lese ich, dass der Lech auch die Sprachgrenze zwischen bayrisch und schwäbisch bildet.

Ein Blick zum Himmel bestätigt mir, ich bin in Bayern. Die Farben weiß und blau dominieren das Bild. Sie spiegeln sich auch in den Landesfarben wider, was von den traditionsbewussten Bayern immer wieder stolz betont wird und auch auf vielen Bildern zu sehen ist.

Als leidenschaftlicher Hochseesegler, der sich zwangsläufig mit dem Wetter und den meteorologischen Gesetzmäßigkeiten auseinandersetzen muss, erkenne ich, dass die Warm- und Kaltfronten eines Tiefdruckgebietes durch- und abgezogen sind, und eine Wetterberuhigung zu erwarten ist. Der Himmel ist klar und blau und es wird von Stunde zu Stunde deutlich spürbar wärmer, als ich Augsburg erreiche.

Tagesleistung Donauwörth – Augsburg:
58 Km, 03 Stunden und 50 Minuten

Augsburg – Schongau

In Augsburg angekommen, finde ich dank meines Navis schnell zur Jugendherberge. Ich habe das Gefühl, in einem Hotel zu sein. An der Rezeption erfahre ich von dem freundlichen Personal, dass ein Einchecken erst ab 15:00 Uhr möglich ist. Heute bin ich früh dran und lasse mir ein Zimmer für zwei Nächte reservieren. Für Augsburg möchte ich mir mehr Zeit nehmen. Um diese bis zum Einchecken zu überbrücken, suche ich einen in der Nähe liegenden Biergarten auf und lösche meinen Durst. Das tut gut und ich genieße es, mich von der Sonne wärmen zu lassen.

Um 15:00 Uhr bin ich zurück. Die DJH ist sehr schön gelegen. Ich nutze meine frühe Ankunft, um einige Kleidungsstücke zu waschen und diese auf dem vor meinem Zimmer liegenden Balkon zu trocknen. Danach zieht es mich in die nur wenig hundert Meter entfernt liegende Innenstadt.

Bei meinem Rundgang orientiere ich mich an der Kopie eines in der DJH erworbenen Stadtplans, auf dem die wichtigsten Sehenswürdigkeiten der Altstadt kenntlich gemacht sind. In nur wenigen Minuten stehe ich auf dem wunderbaren Rathausplatz und dem beeindruckenden und weltbekannten Rathaus, dessen Besichtigung ich für den nächsten Tag eingeplant habe.

Ganz nebenbei erfahre ich, dass in dieser von Römern gegründeten Stadt auch Berthold Brecht geboren ist und hier seine frühesten Werke schrieb. Auch lerne ich, dass Rudolf Diesel hier in Augsburg den nach ihm benannten Motor entwickelte. Und weiter erfahre ich, dass hier die Vorfahren Wolfgang Amadeus Mozarts sowie dessen erste große Liebe gewohnt haben.

In der City pulsiert das Leben. Die Menschen sitzen in der Sonne und genießen das schöne Sommerwetter. Die Freude über die warmen Sonnenstrahlen und auf das bevorstehende Wochenende ist überall spürbar.

Zunächst laufe ich die Maximilianstraße hoch, vorbei am Augustusbrunnen vor dem Rathaus und am Merkurbrunnen. Hier in der Hauptstraße spürt man den Reichtum der Gründerzeit.

Vom schönen Herkulesbrunnen mit seinem wasserspeienden Triton und den alten Gebäuden aus der Gründerzeit schieße ich einige Fotos. Später erreiche ich die Kirche St. Ulrich.

An einem der vielen alten Gebäude entdecke ich eine Messingtafel, die darauf hinweist, dass Martin Luther sich an dieser Stelle gegenüber dem

Abgesandten des Papstes geweigert hat, seine Thesen zu widerrufen, was ihn letztlich in die Verbannung führte.

Während ich langsam die Maximilianstraße zurückschlendere, entdecke ich am Giebel des Rathauses einen Doppeladler. Ihn kenne ich aus meiner Heimatstadt Lübeck. Besteht hier ein Zusammenhang, eine Verbindung, möglicherweise über die Hanse? Oder wird hier der doppelköpfige Reichsadler dargestellt? Ich nehme mir vor, diese Wissenslücke später zu schließen und zuhause nachzulesen.

Es ist Zeit zum Essen einzukehren. Bei einem dicken Stück Cordon Bleu stärke ich mich, trinke ein Bier und kehre mit mir und der Welt zufrieden in die Jugendherberge zurück.

Dort treffe ich auf einen im Vergleich zu mir ca. zwei Jahre jüngeren Mann. Wie sich später herausstellt, ist er in Bad Gandersheim zuhause und bereist Deutschland, anders als ich, mit dem PKW. Er ist beeindruckt von meinem Vorhaben und meiner Fitness und kann es gar nicht fassen, dass ich mir eine solche Fahrradtour vorgenommen habe und in meinem Alter noch durchziehe. Wir führen ein sehr angenehmes Gespräch über Gott und die Welt und verabschieden uns voneinander wie zwei alte Freunde.

Das Frühstück am nächsten Morgen ist sehr gut und reichhaltig. Mir fällt mir auf, dass in dieser Herberge fast nur Erwachsene untergebracht sind. Sie kommen aus aller Herren Länder. Es sind überwiegend Touristen, die genauso wie ich, die Unterbringung in der DJH nutzen, um die Welt kostengünstig kennen zu lernen.

An meinem Nachbartisch sitzen zwei Ehepaare, die sich angeregt unterhalten. Es sind Radwanderer, die ich schon einen Tag zuvor kurz vor der DJH Donauwörth gesehen hatte. Dort kamen sie mir mit ihren Fahrrädern entgegen, als ich zu Fuß auf dem Weg in die Innenstadt war. Jetzt hier am Tisch höre ich während ihrer Unterhaltung norddeutsche Töne. Sie sprechen einen Dialekt, wie er bei uns in Schleswig-Holstein zuhause ist.

Mein Interesse an diesen Leuten ist geweckt. Jetzt bin ich es, der an den Fragen nach dem „woher" und „wohin" interessiert ist. Schnell stellt sich heraus, dass sie in der Nähe des Ostseefjords Schlei zuhause sind und in Taarstedt, unweit des bekannten Schleiortes Missunde wohnen. Auch sie befinden sich auf einer Radtour, die sie von Bayreuth aus auf dem Donauradweg hierher nach Augsburg geführt hat. Ihr nächstes Tages- und Endziel ist München. Von dort aus wollen sie mit dem Nachtzug wieder in den Norden zurückkehren.

Nach dem Frühstück schaue ich nach meinem Fahrrad, das ich mangels geeigneter Unterstellmöglichkeit in der Herberge, mit dem stabilen Fahrradschloss an einem Fahrradständer angeschlossen hatte. Die Nacht über stand es im Freien und ich bin froh, dass an dem Rad nichts fehlt und es auch noch fahrbereit ist.

Als ich mich umschaue, sehe ich ganz in der Nähe einen Wasserhahn mit angeschlossenem Gartenschlauch. Das ist jetzt die beste Gelegenheit, mein Fahrrad von der inzwischen festsitzenden Schmutzlast zu befreien. Da der Hauptwasserhahn noch abgestellt ist, bitte ich das DJH-Personal an der Rezeption um Hilfe. Zunächst wird auf die Zuständigkeit des nicht erreichbaren Hausmeisters verwiesen, dann aber bemüht man sich sehr und bittet eine freundliche Reinigungskraft, mir einen Eimer mit Wasser, Putzmittel, Wurzelbürste und Schwamm bereitzustellen. Nach einer knappen halben Stunde erstrahlt mein Fahrrad im neuen Glanz.

Gegen Mittag wird es noch wärmer und es zieht mich wieder in die Innenstadt. Ich will Augsburg erobern. Diese Stadt hat was und es gibt viel zu sehen. Kultur pur ist angesagt. Mein erstes Ziel ist die Fuggerei. Mit meinem Rentnerausweis erhalte ich bei meinem Eintritt in diese älteste Sozialsiedlung der Welt eine Ermäßigung von 3,00 €.

Nicht nur Augsburg als Handelsstadt, auch die Fuggerei hat diese Stadt weltweit berühmt gemacht. Mit mir warten viele hundert Touristen auf den Rundgang durch diese Anlage. Unter ihnen, wie kann es anders sein, sind auch viele Japaner. Man trifft sie überall in der Welt und fragt sich, ob von ihnen zur Haupturlaubszeit überhaupt noch welche in Japan sind.

Die Fuggerei wurde 1521 von Jakob Fugger als Wohnsiedlung für bedürftige Augsburger Bürger gestiftet. Sie ist eine Stadt in der Stadt, mit einer eigenen Kirche, mit Stadtmauern und Stadttoren. Das heute noch geltende Konzept einer Sozialsiedlung gilt als mustergültig und wird durch eine Stiftung finanziert. Hilfe zur Selbsthilfe heiß das Konzept. Es stellt sicher, dass die Jahres-Kaltmiete für eine Wohnung noch immer dem Gegenwert eines Rheinischen Guldens (derzeit 0,88 €) beträgt.

Derzeit leben in den 67 Häusern mit ihren 140 Wohnungen 150 Menschen. Natürlich wurden die Wohnungen im Laufe der Zeit dem heutigen Standard angepasst, wovon man sich bei Besichtigung einer Musterwohnung überzeugen kann. Bei einer ebenfalls zu besichtigenden Wohnung der ersten Generation ist ein unmittelbarer Vergleich zur Neuzeit möglich.

In einem der Fuggerei angeschlossen Gasthaus esse ich zu Mittag und schlendere mit meinem Stadtplan in der Hand weiter zum nächsten Ziel, dem „Brecht-Haus". Den Weg dorthin zeigt mir ein auf dem Stadtplan farbig gedruckter Rundweg. In dem Haus ist ein schönes Museum eingerichtet, das die Erinnerung an den 1898 in Augsburg geborenen Schriftsteller wachhält.

Und weiter geht´s durch Augsburg und hin zum Mozarthaus. Es ist, wie soll es anders sein, W. A. Mozart und seinen Augsburger Vorfahren gewidmet.

Danach führt mich mein Weg zum „Schaetzeler Palais" (5,50 €, ermäßigt). Dort sehe ich mir u. a. den Rokoko-Festsaal an, bevor ich in der Staatsgalerie die aus der großen Zeit der Augsburger Malerei und der Schule des Spätmittelalters und der Frührenaissance stammenden Bilder von Lucas Cranach d. Ä., Hans Holbein d. Ä. sowie das von Dürer gemalte Bild von Jakob Fugger bewundere.

Anschließend zieht es mich in den unmittelbar hinter dem Palais liegenden, wunderbareren und sehr gepflegten, parkartig angelegten Garten. Hier sitze ich einige Zeit auf der Bank, genieße die Sonne und bin erstaunt, wie ruhig es hier inmitten der Innenstadt ist. An diesem Ort kann ich mir gut vorstellen, wie die Familie Schaetzeler dieses riesige, als Sommersitz konzipierte Gebäude während ihres Aufenthalts in Augsburg genutzt hat.

Auf meinem weiteren Besichtigungsprogramm steht noch die Besichtigung des Rathauses, das zusammen mit dem Perlachturm an die große Zeit erinnert, als Augsburg noch eine bedeutende Handelsmetropole war. Den dortigen, im Jahr 1624 nach dem Vorbild venezianischer Prachträume entstandene „Goldener Saal" (2,00 €, ermäßigt) muss man gesehen haben. Bevor ich mich dorthin bewege, bestelle ich mir auf dem belebten Rathausplatz, auf dem heute auch der letzte Platz besetzt ist, einen Kaffee. Sehr viele Menschen sind in der Stadt. Kinder spielen an den Brunnen oder laufen den Tauben hinterher.

Sowohl das Rathaus als auch der Perlachturm sind Barockbauten und die Wahrzeichen der Stadt. Hier spürt man die durch römische Epochen und dem Handel mit Italien beeinflusste und geprägte Architektur und gewinnt ein Gefühl dafür, warum Augsburg auch die nördlichste Stadt Italiens genannt wird.

Mein letzter Ansteuerungspunkt in dieser Stadt ist der Augsburger Dom. Danach kehre ich zurück zur Herberge an, um mich ein wenig auszuruhen.

Gegen Abend suche ich ein in der Nähe zur DJH gelegenes Bistro auf, um dort eine Kleinigkeit zu essen. Dieses architektonisch interessante Gebäude muss früher einmal eine Wassermühle gewesen sein. Inmitten des größten Raumes fließt unter einer großen und betretbaren Glasfläche die Wertach mit rauschender Geschwindigkeit hindurch.

Nach meiner Rückkehr in die Herberge sehe ich im Fernsehen, wie unser junger „Shooting-Star" Lena Meyer-Landrut beim „Eurovision Song Contest" ihren Song für Deutschland mit großem Abstand vor der Türkei und Rumänien gewinnt.

Vorsichthalber habe ich vor dem Schlafengehen den Wecker auf 06:30 Uhr gestellt. Heute will ich viel „Strecke machen". Bereits 20 Minuten vor der eingestellten Weckzeit bin ich wach. Einschlafen lohnt sich nicht mehr, und ich stehe auf.

Ein Blick aus dem Fenster dämpft meine Stimmung. Es regnet und tiefhängende Wolken ziehen langsam über Augsburg. Traurig, traurig. Es sieht ganz danach aus, als wenn es schon in der Nacht oder in den frühen Morgenstunden kräftig geregnet hat. Überall steht das noch nicht abgeflossene Wasser. Von alldem habe ich in der Nacht nichts bemerkt, denn ich schlafe wie ein Murmeltier.

Entgegen meinen sonstigen Gepflogenheiten, schon vor dem Frühstück mein Gepäck für die Weiterfahrt fertig zu packen und für das Festzurren am Fahrrad bereitzustellen, lasse ich heute alles stehen und liegen und begebe mich erst einmal zum Frühstück. Essen und Trinken hält Leib und Seele zusammen, sagt ein Sprichwort und es stimmt. Nach einem guten

Frühstück, für das man sich ausreichend viel Zeit nehmen sollte, sieht die Welt schon ganz anders aus.

Morgens esse ich normalerweise wenig und gerne süß. Heute ist das anders. Ich esse zwei Brötchen mit Marmelade und Honig, zwei Scheiben Schwarzbrot, belegt mit Wurst und Käse, dazu gibt es ein hartgekochtes Ei, so wie ich es liebe, einige frisch geschnittene Tomatenscheiben, und drei Becher gut gekochten Kaffee. Zum Abschluss hole ich mir noch ein Schälchen mit Joghurt, Haferflocken und Schokoladen-flöckchen obendrauf. So gestärkt, kann der Tag beginnen.

Mein Körper hat jetzt die nötigen Kalorien, um das nächste Ziel schwungvoll anzusteuern. Das Zauberding von Navi, eingestellt auf mein Gewicht und das des Fahrrades berechnet unter Berücksichtigung meines Gepäcks meinen Kalorienverbrauch für den Tag. Dieser liegt, je nach Beanspruchung, meist zwischen 3000 und 4000 kcal.

Bevor ich starte, muss ich noch einmal zurück auf mein Zimmer. Ich bin heute früh dran. Meine Wäsche ist über Nacht trocken geworden und kann nun zusammen mit meinen anderen Kleidungs- und Ausrüstungsstücken verpackt werden. Jetzt geht alles sehr schnell. Noch die Regenbekleidung angezogen, mit dem Gepäck herunter zum Fahrrad, die Gepäcktaschen angehängt, Bettwäsche und Zimmerschlüssel abgegeben, Stempel als Souvenir in das hierfür vorgesehene DJH-Heftchen drücken lassen und ausgecheckt. Heute spüre ich besonders deutlich meine gewonnene Routine. Viele dieser täglichen Abläufe sind inzwischen in Fleisch und Blut übergegangen.

Die Radreisenden aus Taarstedt sitzen noch gemütlich beim Frühstück. Für sie nehme ich mir noch ein wenig Zeit und wir tauschen noch einige Erfahrungen aus. Dann verabschieden wir uns voneinander in dem Gefühl, dass man sich im Norden irgendwann mal wieder über den Weg läuft. Es kann losgehen. Am Fenster stehend winken sie mir noch freundlich nach, als ich mich mit frischer Kraft auf mein Fahrrad schwinge und davonfahre.

Inzwischen hat es aufgehört zu regnen. Die Erde ist durchgeweicht. Das kann heiter werden, denke ich. Trotzdem sind mein Wille und mein Optimismus ungebrochen. Mein Navi dirigiert mich zum Radweg „Romantische Straße", den ich auch schnell erreiche.

Umso weiter ich nach Süden komme, umso klarer wird der Himmel. Dafür legt der Wind kräftig zu und bläst mir ins Gesicht. Bald erreicht er nach meiner Einschätzung fast 6 Windstärken. Das Treten in die Pedale wird schwer und schwerer und das Radfahren auf den Steilstrecken zur Qual. Immer wenn ich durch eine Ortschaft oder ein Waldstück fahre bin ich froh, dort vor den stärkeren Windböen geschützt zu sein.

In dem schönen Ort Friedberg verliere ich wieder die auf dem Navi programmierte Route. Heute verspüre ich aber keinerlei Lust auf Experimente und folge ganz traditionell dem Hinweisschild nach Landsberg a. L., meinem geplanten Tagesziel. Die Strecke dorthin ist gut ausgeschildert, so dass ich nichts zu befürchten habe.

Unterwegs werde ich immer wieder von blitzblanken und motormäßig stark frisierten und auch sonst aufgemotzten Traktoren überholt. Einige von ihnen „heizen" mit einer so hohen Geschwindigkeit an mir vorbei, dass man glauben könnte, die Polizei wäre hinter ihnen her.

Der Radweg führt mich über Kissing, Mering und Merching zum Ort Schmiechen. Dort findet gerade ein großes Fendt-Traktor-Treffen statt. Hunderte von Traktoren aller Altersklassen sind auf einer großen Wiese in Reih und Glied abgestellt, und werden von der Dorfjugend interessiert betrachtet und begutachtet. Hier wird mir auch klar, weshalb ich auf meinem Weg hierher immer wieder von diesen Liebhaberstücken überholt wurde.

Auf dem Weg nach Egling fängt es wieder kräftig an zu schütten. Ich steige vom Fahrrad und ziehe meine Gamaschen über die Schuhe. Weiter geht's bei strömendem Regen. Bis dieser urplötzlich nachlässt, und die Wolkendecke aufreißt. Der Himmel macht einen unschuldigen Eindruck, so als sei überhaupt nichts gewesen. Regen und Wind haben die Luft gut gereinigt und die Fernsicht soweit verbessert, dass vor mir der Blick auf die Berge frei wird. Ich spüre, meinem Ziel nahe zu sein.

Der Ort Egling liegt im Landkreis Landsberg am Lech am Fluss Paar, durch dessen weitläufiges Tal gleichen Namens ich jetzt fahre. Ich habe den südlichsten Landkreis meiner Reise, den Regierungsbezirk Oberbayern erreicht und denke darüber nach, wie viele Flüsse, Bäche und Kanäle ich auf meiner Tour von der Ostsee hierher schon überquert habe oder an ihnen entlanggefahren bin und nehme mir vor, dieses nach meiner Rückkehr zu recherchieren.

Endlich erreiche ich, so glaube ich, das Lechfeld. Ein Hinweisschild auf Klosterlechfeld scheint meine Annahme zu bestätigen. Weiter geht es über Wabern, jetzt immer der Straße (ohne Radweg) entlang. Der Wind bläst ungebremst über das flache Land und hindert mich am zügigen Weiterkommen. Meine Geschwindigkeit kann er bremsen, aber nicht meinen Willen, sage ich mir und versuche, mich auf meine Weise zu motivieren.

Die Stadt Landsberg a. L., liegt jetzt in greifbarer Nähe. Auf dem Weg dorthin fahre ich noch durch die Orte Pestenacker (was für eine Ortsbezeichnung), Neuweil und Weil.

In Weil oder war es in Epfenhausen? kehre ich in einem Gasthof ein und ergänze meine verbrauchten Kalorien mit einem Zwiebelrostbraten aus sehr gutem Fleisch. Dazu gibt es Spätzle und Salat. Um den Verlust an Körperflüssigkeit in Grenzen zu halten, trinke ich noch zwei Helle. Wasser hätte es zwar auch getan, aber ich bin in Bayern. Hier ist Bier ein Grundnahrungsmittel, was meinem Geschmacksempfinden deutlich entgegenkommt.

Die Umgebung vor Landsberg wird immer flacher. Zu meiner Linken sehe ich den Flugplatz der Bundeswehr und einige abgestellte Transportmaschinen vom Typ Transall.

Als ich Landsberg endlich erreiche, komme ich über den Radweg durch ein Stadttor gefahren und befinde mich sofort in der Altstadt. Dort schüttelt ein holpriges Kopfsteinpflaster mein Fahrrad und mich kräftig durch. Am Brunnen vorbeifahrend bin ich ruck zuck auf der Brücke, die über den Lech führt. Mein Eindruck ist, dass sich hier auf dieser Seite des Lechs die bevorzugte Wohngegend von Landsberg befindet, denn ich sehe viele große Villen und großzügig angelegte Gärten.

In der Höhe des Stauwerkes stelle ich mein Fahrrad ab und mache einige Fotos. Danach fahre ich auf dieser Uferseite weiter in der Hoffnung, eine Brücke zu finden, über die ich wieder die linke Uferseite erreiche, und in die Altstadt zurückkomme. Diese

Brücke gibt es tatsächlich und kaum habe ich den Lech erneut überquert, überfallen mich völlig unerwartet Blitz und Donner.

Das Unwetter hat sich so schnell entwickelt, dass mir kaum Zeit bleibt, einen Unterstand zu suchen. Aus den schwarzen Wolken fällt so viel Regen, wie ich es selten erlebt habe. Der Himmel hat alle seine Schleusen vollständig geöffnet und dies über eine längere Zeit. In meinem sicheren Unterstand warte ich ab, bis der Spuk vorbei ist. Danach sehe ich den Himmel wieder. Er zeigt sich so blau, als wenn nichts gewesen wäre.

Hier unten im Süden Deutschlands beobachte ich andere meteorologische Gegebenheiten, als bei uns im Norden, wo sich Nord- und Ostsee mäßigend auf das Klima auswirken und sich derartig heftige Wetterschwankungen in Grenzen halten.

Ein Ehepaar, das sich für meine Radtour interessiert, spricht mich an. Der Mann erzählt mir, dass er die gleiche Tour in jüngeren Jahren auch schon einmal gemacht hätte und mich um diese beneidet. Er gibt mir noch einige Tipps für die Wahl meines Radweges nach Süden. Anhand meiner Karte erklärt er mir, dass von Landsberg aus zwei Radwege nach Süden führen. Er empfiehlt mir den westlichen Weg, weil dieser besser zu befahren sei und landschaftlich reizvoller ist. Im Einzelnen erklärt er mir, dass ich zunächst einen Berg hinauffahren müsste, und ich mich dort oben nach ca. einem Kilometer an einer Wegegabelung rechts halten solle. Von dieser aus könnte ich den ausgeschilderten Weg nach Erpfting nehmen.

Sein Vorschlag klingt überzeugend und ich befolge ihn. Mein Navi meutert jedoch mit der Anzeige: „Tour verlassen, neu berechnen?" Ich ignoriere seine Hinweise und folge dem empfohlenen Weg.

Zunächst läuft alles wie geschmiert. Der Weg ist gut ausgeschildert, ich komme gut voran und erreiche Erpfting. Einige Zeit später jedoch sehe ich keine Schilder mehr und mein Vorwärtskommen endet in der Sackgasse eines Waldstücks. Habe ich etwas übersehen? Bevor ich zurückfahre, krame ich aus der Lenkertasche meine Radwanderkarte heraus und merke mir die anzufahrenden Wegepunkte. Das klappt auch ganz gut.

Dann aber wiederholt sich das Spiel. Die Schilder werden weniger und weniger und bald sehe ich überhaupt keine mehr. Ich reagiere trotzig und will nicht mehr zurück. So bleibt mir nichts anderes übrig, als mehrere Kilometer auf einer stark befahrenen Landstraße zu fahren. Hier aber ist ein mulmiges Gefühl mein Begleiter. Um dort besser gesehen zu werden, schalte ich mein Fahrlicht ein. Auf dieser Straße rasen wiederholt jugendliche Verrückte, anders kann ich sie nicht bezeichnen, an mir vorbei. Unter ihren Fahrzeugen befinden sich einige sehr interessante, aufgemotzte Fahrzeugtypen bis hin zu einer tiefer gelegten Rennente mit VW-Käfermotor, Breitreifen und modernen Scheinwerfern. Mit ihren frisierten Motoren und Auspuffanlagen donnern diese Raketen mit Höchstgeschwindigkeit durch die Landschaft, geradeso als wenn sie allein auf der Welt wären und Benzin nichts kosten würde. Bei der nächsten Möglichkeit verlasse ich diese Hölle und es wird ruhiger.

Nach einigen sehr langen Steigungen und ebenso langen Abfahrten wird die Landschaft wieder flach und reizvoll. Ich bin jetzt im Fuchstal, wie dieses Gebiet hier heißt. Ellighofen, Unterdießen, Oberdießen und Asch sind die Orte, die ich auf meiner Fahrt nach Süden passiere.

In der Ferne erkenne ich den Hohen Peißenberg. Vor vielen Jahren machten Ute und ich anlässlich unseres Kuraufenthalts in Bad Kohlgrub einen Ausflug dorthin. Es war zur gleichen Jahreszeit, und wir hatten von dort oben eine wunderbare Aussicht über diese schöne Landschaft.

Kurz hinter Leeder zieht wieder eine schwarze Unwetterfront heran, erkennbar an der drohend schwarzen, mit markanten Umrissen gekennzeichneten, viele Kilometer langen Böenwalze. Hoffentlich steckt dort kein Gewitter drin. Die pechschwarze Wand kommt näher und näher und zieht in Richtung meines Fahrtzieles. Der Radweg ist schnurgerade und für ein schnelles Tempo geeignet. Da kommt mir der Gedanke, mich mit meinem Fahrrad vor die Böenwalze zu setzen, um deren Starkwind als Rückenwind für eine schnelle Fahrt zu nutzen. Das klappt einige Zeit auch sehr gut, und ich komme auf diese Weise ohne viel Kraftaufwand schnell voran. Dann ist diese Walze doch schneller und überholt mich auf meinem Weg nach Denklingen.

Später fahre ich durch Neuhof und Kinsau, wo ich am dortigen Stausee vorbeikomme bevor ich im Landkreis Weilheim-Schongau den Ort Hohenfurch erreiche.

Kurz vor meinem Tagesziel Schongau verfahre ich mich wieder gründlich, obwohl mir mein Navi den Weg dorthin anzeigt und dieser auch entsprechend ausgeschildert ist. Das kann doch nicht wahr sein, da muss irgendein Mensch aus Schabernack ein Schild verdreht haben. Jedenfalls lande ich nach vielen hundert Metern vor einer eingezäunten und verschlossenen Kiesgrube.

Schon will ich umkehren und zurückfahren, als ich einen kleinen asphaltierten Weg, den ich für den Radweg halte, parallel zur Abzäunung der Kiesgrube entdecke. Es hat den Anschein, dass dieser, fern am Horizont auf eine viel befahrene Straße zuläuft. Mir erscheint das logisch zu sein und ich folge dem Weg.

Die Enttäuschung ist groß, als ich nach mehreren hundert Metern feststellen muss, dass ich wieder in einer Sackgasse gelandet bin. Kurz vor der viel befahrenen Straße endet der Weg im Nichts.

Ärgern hilft auch nicht weiter, sage ich mir und fahre zurück in die Richtung, aus der ich gerade gekommen bin. Kurz bevor ich die Kiesgrube wieder erreicht habe, sehe ich vor deren Umzäunung einen weiteren, ebenfalls asphaltierten Weg. Bevor ich auf diesen losfahre, beurteile ich erst einmal misstrauisch die Lage und erkenne, dass dieser Weg zunächst um die Kiesgrube herum, dann jedoch einen Bogen macht und leicht abschüssig Richtung dieser viel befahrenen Straße führt, vor der ich vor kurzer Zeit noch in der Sackgasse gelandet war. Auch erkenne ich deutlich, dass der Weg unter einer Unterführung hindurchführt und diese verkehrsreiche Straße kreuzt. Versuche es doch einfach mal, geht es mir mangels Alternativen durch den Kopf.

Gedacht, getan, ich erreiche schnell die Unterführung. Dort aber ist Schluss mit der Asphaltdecke und ich befinde mich wieder auf einem Feldweg, der mich an Pferdeställen und Scheunen vorbeiführt. Mir reicht es. Ich bin ich stinksauer, aber auch gespannt auf das, was mich jetzt noch erwartet und wie es wohl weitergeht.

Der Weg führt parallel zu der vielbefahrenen Straße und führt dann wenige Meter steil aufwärts, bevor er bei einer Abbiegung nicht mehr zu sehen ist. Ich steige ab und schiebe mein Fahrrad hinauf, erreiche die Abbiegung und dann.........ist Ende der Fahnenstange. Wieder endet der Weg vor einem Feld.

Ich bin geschafft. Hatte ich mir zu viel zugemutet? Leidet meine Konzentration? Warum passieren mir heute solche Fehler? Hierauf habe ich keine Antwort. Es ist in dieser Situation auch müßig, darüber nachzudenken. Es muss weitergehen. Gleichzeitig gilt es, jetzt keine weiteren Fehler zu machen.

Frustriert und an mir und meinem Navi zweifelnd, schiebe ich mein Fahrrad den Berg, von dem aus ich die Straße gut einsehen kann, hinunter. Ist das jetzt die Lösung? Als Weg und Straße auf gleicher Höhe sind, und ich beim Blick durch die Büsche eine freie, mit dem Fahrrad passierbare Stelle für einen Wechsel vom Feldweg zur Straße entdecke, fällt die Entscheidung. Hier musst du runter auf die Straße, einen verkehrsfreien Zeitpunkt abwarten, die Straße queren und dort weiterfahren.

Das geschieht besser als dachte. Doch dort habe ich wieder dieses mulmige Gefühl, als wilde Autofahrer an mir vorbeirasen. Zur eigenen Sicherheit schalte ich erneut mein Fahrlicht ein und ziehe mir meine leuchtend rote Windjacke über. Aber wer weiß – ich mag nicht daran denken was alles passieren kann. Ein unachtsamer Autofahrer reicht und alles ist vorbei.

Hier zu fahren ist großer Leichtsinn. Ich trete kräftig in die Pedale, um schnellstmöglich die nächste Abfahrt zu erreichen. Wenige Kilometer vor dem Ziel und dann noch dieser Stress. Doch kein lamentieren hilft, ich will endlich ankommen.

Tatsächlich erreiche ich bald eine Abfahrt nach Altenstadt. Dort folge ich zunächst dem ausgeschilderten Weg zur Kaserne, um danach weiter Richtung Altenstadt und Schongau zu fahren.

Auf einer Erhebung angekommen, sehe ich in der Ferne die Kaserne. In dieser hatte ich vor vielen Jahren an einer Tagung teilgenommen und einen Hauptmann der Bundeswehr kennengelernt, der hier in Altenstadt die Fallschirmspringer der Bundeswehr ausbildete. Dieser nette Mensch erzählte mir seinerzeit so mitreißend von seiner Tätigkeit, dass er mir zu vorgerückter Stunde des Abends anbot, für ein Wochenende hier nach Altenstadt zu kommen, um mir das Fallschirmspringen beizubringen. Leider ist es hierzu nicht gekommen, weil in meinem Freundes- und Bekanntenkreis niemand bereit war, mit mir zusammen dieses Abenteuer einzugehen. Allein diese Ausbildung anzutreten, wäre mir als „Vergnügen" zu teuer geworden und hätte mir auch kein Spaß gemacht. Heute bereue ich meine Absage. So gibt es im Leben immer mal wieder verpasste Gelegenheiten. Aber wer weiß, wofür es gut war. Dieser Ausflug ins Ungewisse hätte ja auch ins Auge gehen können und ich würde heute möglicherweise im Rollstuhl sitzen und könnte diese schöne Radtour nicht machen.

Als ich die „Perle des Pfaffenwinkels", die Stadt Schongau erreiche, finde ich zunächst keinen Gasthof; jedenfalls nicht im unteren Teil des Stadtgebietes. Zum Glück treffe ich auf ein junges Pärchen, dass mir auf meine Nachfrage nach einem Gasthof die „Blaue Traube" in der im oberen Ortsteil liegenden Altstadt empfiehlt. Dort kehre ich ein und fühle mich sofort in Bayern zuhause.

Ein Zimmer für eine Nacht ist schnell bezogen. Dann geht es unter die obligatorische Dusche. Deren Entspannungseffekt nehme ich heute, nach all den anstrengenden Umwegen und Ärgernissen als besonders angenehm wahr, und ich fühle mich wieder als Mensch. Bevor ich mich hinunter in die Gaststube begebe, telefoniere ich noch mit Ute. Sie ist jedes Mal beruhigt, wenn ich mich bei ihr melde und ihr mitteile, dass es mir gut geht. Ich muss mich kurzfassen, denn die Uhr zeigt 20:40 Uhr und die Küche ist nur bis 21:00 Uhr geöffnet.

Heute war ein langer Tag für mich auf dem Fahrrad. Entsprechend groß ist mein Appetit. In der

Gaststube sitzen fünf Ehepaare am Nachbartisch. Es sind vermutlich alles ehemalige Kollegen, wie ich den nicht gerade leise geführten Gesprächen entnehmen kann. Sie müssen unlängst von einer Busreise in die neuen Bundesländer zurückgekehrt sein, von der sie erzählen.

Sie unterhalten sich über Gott und die Welt und schimpfen dabei über die Ungläubigen und besonders die Protestanten, meinen dabei in erster Linie unsere Mitbürger in den neuen Ländern, die ihrer Meinung nach rein gar nichts über die Bedeutung der christlichen Feiertage wissen, aber dennoch diese Feiertage gerne als freie Arbeitstage in Anspruch nehmen.

Sie hätten auch erlebt, dass auf den in Bayern üblichen „Grüß Gott" mit dem Satz geantwortet wurde: „ja wenn ich ihn sehe". Auch seien deren Ehen keine richtigen Ehen, weil sie keinen Segen empfangen hätten.

Ja, denke ich, Du bist hier in Bayern Außenseiter und wirst, wenn es darauf ankommt, als Protestant ausgegrenzt. Was für eine kleine heile Welt, die man sich hier zaubert. Dabei denke ich an die vielen weltweiten Probleme, an die Flüchtlingsströme und die vielen Diskussionen um die Integration von Mitbürgern muslimischen Glaubens in unsere Gesellschaft.

Ich ziehe es vor, den Rest des Tages auf meinem Zimmer zu verbringen und im Reiseführer zu stöbern. Er verrät mir, dass Schongau zwischen Augsburg und Füssen am Westufer des Lechs liegt und die Gebietsbezeichnung Pfaffenwinkel auf die Dichte der in dieser Region zahlreich vorhandenen Klöster und Wallfahrtskirchen, z. B. die Wallfahrtskirchen in Vilgertshofen, Hohenpeißenberg und die Wieskirche zurückzuführen ist. In kaum einer anderen Region Deutschlands gibt es eine derartige Dichte an Klöstern und Klosterkirchen, z. B. in Ettal, Steingaden, Rottenbuch, Polling und Wesselbrunn.

Tagesleistung Augsburg – Schongau:
113 Km, 05 Stunden

Schongau – Füssen

Eigentlich wollte ich heute mal ausschlafen, aber die Glocken des nahen Kirchturms wecken mich mit lauten Schlägen. Ich spüre meine müden Beine, recke und strecke mich. Blutverdünnungsmittel und Magnesium tragen nach meiner Überzeugung wesentlich dazu bei, dass ich noch so fit bin. Ich fühle mich gut und steige wieder in mein warmes Bett, nachdem ich den Fernseher eingeschaltet habe.

Das Hauptthema im Morgenmagazin ist der von Lena gewonnene Grand Prix, wie kann es anders sein. Im Erfolg versucht jeder, sich auf seine Weise zu sonnen.

Dann höre ich, dass Spanien von der amerikanischen Ratingagentur „Fitch" in der Bewertung herabgestuft wurde. Es ist doch recht eigenartig, dass die Ratingagenturen nur in den USA angesiedelt sind und dort so gut wie keiner staatlichen Aufsicht unterliegen. Was ist da alles möglich. Hier hat sich ein eigenständiger, staatlich unkontrollierter Kapitalismus entwickelt, der mit meiner Vorstellung von einer gerechteren Welt nichts mehr gemein hat. Für mich liegt in diesem System auch eine der Hauptursachen für die vielen Unruhen in der Welt und für den zunehmenden Radikalismus.

Nur nicht aufregen, Karl-Heinz, die Welt wird sich weiterdrehen. Aber um welchen Preis? In einem unkontrollierten Kapitalismus sehe ich eine Gefahr für unsere Demokratie, und fühle mich durch einen Artikel unseres ehemaligen Außenministers Fischer, der nicht gerade zu meinen Lieblingspolitikern zählt, in der Süddeutschen Zeitung bestätigt.

Und im Morgenmagazin erfahre ich, dass das Öl im Golf von Mexico nach wie vor ungehindert aus eine Tiefe von 1500 Meter sprudelt.

Richtig traurig macht mich die Nachricht, dass die Israelis ein Schiff mit Hilfsgütern für die im Gazastreifen „eingesperrten" Palästinenser militärisch angegriffen haben und es Tote und Verletzte gegeben haben soll.

Im Sportteil des Magazins höre ich, dass Yogi Löw ein Problem hat. Weitere Spieler sind körperlich angeschlagen und fallen für die Weltmeisterschaft aus.

Freuen kann ich mich als Nordlicht und ehemaliger Handballspieler über die Nachricht, dass der THW Kiel das Finale in der Handball Champions League gewonnen hat.

Wie immer enden die Nachrichten mit dem Wetter, das mit einer Unwetterwarnung für den Süden Deutschlands, in dem ich mich jetzt befinde, beginnt. Das kann heiter werden. Mein Blick aus dem Fenster verheißt nichts Gutes. Es gießt in Strömen und es soll so bleiben. Für heute ist also volle Montur angesagt!

Das Frühstück ist ausgiebig und gut. Ich genieße es, komme was da wolle. Das kann mir keiner nehmen. Anschließend werfe ich noch einen Blick in meinen Reiseführer. Er verrät mir, dass Schongau von den Römern gegründet wurde und ganz in der Nähe der Römerstraße nach Augsburg liegt. Die Stadt war im Mittelalter ein bedeutender Knotenpunkt und wichtiger Handelsplatz auf der Verkehrslinie Verona – Augsburg - Nürnberg und auf der vom Berchtesgardener Land in das Allgäu führenden Salzstraße.

Nachdem alles verpackt und die Taschen am Fahrrad angebracht sind, geht es los. Der ganz große Regen hat nachgelassen, aber es tröpfelt noch. Sicherheitshalber streife ich mir noch die Gamaschen über meine Schuhe. Nasskalte Füße sind sehr unangenehm. Die Kälte zieht dann den ganzen Körper hoch und man fängt an zu frieren. Auf dem Fahrrad kann das sehr unangenehm sein.

Am Vorabend hatte ich nicht mehr viel von der Altstadt gesehen, deshalb drehe ich jetzt noch auf meinem Fahrrad zwei Runden durch den inneren Bereich der gut erhaltenen, und von einer Stadtmauer umgebenen Altstadt Schongaus und mache einige Fotos. Dann geht es „on the road again", wie es in einem Schlagertext heißt.

Der nächste anzusteuernde Ort heißt Peiting. Schon von weitem habe ich den Hohenpeißenberg im Blick. Es geht bergauf, bergab, durch Wiesen, Felder und Wälder und an sehr einsam gelegenen Einzelhöfen vorbei.

Gelegentlich sind auch Hinweisschilder auf die Wegstrecke zu entdecken. Ich durchfahre die Ortschaft Riesen, fahre am Deutensee und an Deutenhof vorbei nach Steingaden. Dort will ich mir die berühmte Klosterkirche St. Johann Baptist, auch Welfenmünster genannt, anschauen. Der romanische Rundbau der Johanneskapelle soll an die Grabeskirche in Jerusalem erinnern, die Ute und ich uns dort 1967 anlässlich eines längeren Aufenthalts im Libanon, in Syrien und Jordanien angesehen haben.

Als ich mein Fahrrad abstelle und mit dem dicken Schloss an einem Straßenschild gegen Diebstahl sichern will, höre ich norddeutsche Töne. Ich drehe mich um und sehe „Elbsegler" und „Prinz-Heinrich-Mütze", Kopfbedek--kungen, die im Norden Deutschlands zuhause sind. Hier in Bayern sehen diese Mützen schon ein wenig seltsam aus und passen nach meinem Geschmack ebenso wenig in die Landschaft, wie Jankerl, Gamsbart und Lederhose an die Küste.

Eine Gruppe von ca. 20 Personen kommt soeben ganz begeistert aus der Klosterkirche. Ich spreche sie an und erfahre, dass sie aus Kiel kommen. Es sind Fachkräfte aus dem Küchenbereich der Gastronomie.

Ein Mann aus der Gruppe war einmal Koch im Eckernförder Ratskeller, sein Freund ist der Koch des Restaurants „Wolfskrug" in Klein Wittensee, einem Nachbarort meiner Kinder. So klein ist die Welt. Die Kieler können es nicht glauben, dass ich den ganzen Weg von der Ostsee hierher mit dem Fahrrad zurückgelegt habe.

Auf dem Weg zur Klosterkirche werde ich von einem älteren Ehepaar angesprochen und nach dem mir schon vertrauten „woher" und „wohin" gefragt. Beide sind um die 80 Jahre alt und informieren sich mit großem Interesse und sehr fachkundig über mein Vorhaben. Sie erzählen mir, dass sie diese Tour in jüngeren Jahren auch schon in zwei Etappen gemacht hätten und es sehr bedauern würden, es jetzt nicht mehr tun zu können. Sie beneiden mich sehr um diese Tour und um meine schönen Erlebnisse.

Die Barockkirche mit ihren schönen Deckengewölben imponiert mir. Es versteht sich von selbst, dass ich auch hier einige Fotos mache.

Danach treibt mich der Hunger in den nahe gelegenen „Gasthof zur Post", wo ich mir einen Seniorenteller bestelle. Mir wird eine reichhaltige Portion Fleischküchle (2 Frikadellen) serviert. Dazu gibt es Reis, einen gemischten Salatteller und ein großes Helles. Es ist kaum zu glauben, dass ich für alles zusammen nur 6,80 € bezahlen muss.

Mein nächstes Ziel ist die Wieskirche, die ich bereits vor einigen Jahren zusammen mit Ute besichtigt habe. Seinerzeit hatten wir das große Glück dort einen exzellenten Chor bei der Probe zu erleben.

Der weitere Weg nach Süden strengt mich sehr an. Es geht ausschließlich nur bergauf und bergab. Das bleibt auch eine ganze Weile so, bis ich wesentlich später die Ebene um Schwangau/Füssen erreiche.

Hier bin ich jetzt auf dem „Bodensee-Königsee-Radweg", der mich später in westliche Richtungen führen wird. Zunächst aber fahre ich am Forggensee vorbei Richtung Hohenschwangau. Schon von weitem sehe ich am Berg das Schloss Neuschwanstein. Ich glaube, was für einen Muslim der Pilgerort Mekka ist, ist für einen Japaner Neuschwanstein und ich glaube, dass jeder Japaner einmal in seinem Leben hier gewesen sein muss. Das jedenfalls ist mein Eindruck, den ich wieder einmal gewinne, als ich an dem großen, für die Touristenbusse geschaffenen Parkplatz vorbeifahre.

Im schwäbischen Landkreis Ostallgäu habe ich die Ebene erreicht. Der Radweg ist gut und ich komme hier ohne große Kraftanstrengung schnell voran. In Füssen überquere ich erneut den Lech, der hier in den Forggensee fließt und an dessen Nordufer wieder verlässt. Mein Navi zeigt mir den Weg zur DJH in der Mariahilfestr. 5. Auch hier ist zum Glück wieder ein Zimmer für mich frei.

Der angekündigte Temperatursturz hat sich zwischenzeitlich im gesamten Voralpengebiet vollzogen. Es ist saukalt geworden und ich verspüre keine Lust auf eine Stadtbesichtigung, auch weil die DJH ziemlich weit von dem interessanteren Teil Füssens entfernt liegt.

In den TV-Nachrichten erfahre ich, dass Bundespräsident Köhler zurückgetreten ist. Seine Begründung für diesen Schritt ist ohne Kenntnis weiterer Hintergrundinformationen für mich nicht nachvollziehbar. Da muss doch mehr dahinterstecken. Wie schlimm muss es um unsere Regierung bestellt sein, wenn erstmals in der Geschichte der Bundesrepublik ein solcher Schritt erfolgt? Gespannt warte ich auf die Sondersendungen von ARD und ZDF, aber was ich dort höre, ist nur nichtssagendes Geschwätz. Nach einem Telefonat mit Ute liege ich um 20:45 Uhr im Bett.

Tagesleistung Schongau – Füssen:
64 Km 04 Stunden 53 Minuten

Füssen – Oberstdorf

In der Jugendherberge herrscht viel Betrieb. Jugendgruppen und Schulklassen bringen Leben in die Bude. Das Geräusch von Kissenschlachten holt mich aus dem Schlaf. Es ist 06:45 Uhr, als ich aufstehe.

Mein erster Gedanke gilt dem Wetter. Draußen tröpfelt es leise vor sich hin. Nicht viel Wasser fällt vom Himmel, das aber vermutlich schon die ganze Nacht. Ich denke an die Unwetterwarnung. Das Thermometer ist noch weiter gefallen. Draußen ist es mit nur noch 5 Grad Celsius noch kälter geworden.

In der Nacht hatte ich die Heizung laufen lassen und meine wärmenden Socken im Bett anbehalten, denn tags zuvor war ich trotz der enormen körperlichen Anstrengung an den vielen Aufstiegsstrecken doch ziemlich durchgefroren. Jetzt freue ich mich auf das Frühstück und den heißen Kaffee und stelle mir die Frage, wie weit ich heute wohl kommen würde. Welcher Ort wird mein Tagesziel sein?

Zunächst fällt mir Nesselwang, dann Immenstadt ein. Gegen Nesselwang sprechen die relativ kurze

Wegstrecke dorthin und die dann am letzten Tag meiner Tour verbleibende längere Reststrecke nach Oberstdorf. Entscheide ich mich für Immenstadt, sind die Entfernungsverhältnisse umgekehrt. Immenstadt scheint mir als Tagesziel insofern günstiger zu sein, weil ich dann am Folgetag noch genügend Zeit hätte, mich in Oberstdorf umzusehen. Im Augenblick kann ich mich nicht entscheiden und fahre erst einmal los. Kommt Zeit, kommt Rat.

Die ganze Fahrt über tröpfelt es, mal mehr, mal weniger, jedoch nicht so viel, dass ich mir meine Gamaschen überziehen müsste. Der „Bodensee-Königsee-Radweg" führt zunächst am Hopfensee vorbei. Hier verlasse ich die Ebene mit Fahrtrichtung Hopfen am See und Eisenberg und stelle mich auf eine erneute Berg- und Talfahrt ein.

Zum ersten Mal auf meiner Tour spüre ich meine Beinmuskeln. Meine Beine werden immer schwerer, obwohl ich seit Beginn meiner Reise eine gute Kondition erworben habe. Die langen Aufstiege machen mir heute zu schaffen. Immer wieder muss ich runter vom Fahrrad und schieben. Das ist mit Gepäck mindestens genauso anstrengend, als wenn ich auf dem Fahrrad sitzend, im 1. Gang, aber mit immerhin noch 5-6 Km/Stunde den Berg hoch strampele. Nur die körperliche Belastung ist eine andere.

In Nessselwang kehre ich in ein Bistro ein und bestelle mir eine Butterbrezel mit Haferl (große Tasse Kaffee).

Kaum sitze ich wieder auf dem Fahrrad, wird das Wetter deutlich schlechter. Vorsorglich nehme ich die am Morgen griffbereit auf der Gepäcktasche meines Fahrradträgers festgeklemmten Gamaschen ab und streife sie über meine Schuhe. Heute, kurz vor dem Ende meiner Reise werden meine Kräfte und mein Durchhaltewille noch einmal so richtig auf die Probe gestellt. Mein Eindruck ist, dass der Berg mir zeigen will, dass ich als Flachländer hier nichts zu suchen habe. Aber Aufgeben ist nicht meine Sache, und so quäle ich mich hoch und höher.

Dabei versuche ich mich abzulenken. Ich denke an warme Sonnenstrahlen, blauen Himmel und an saftige, von bunten Blumen geschmückte Wiesen. Das hilft nur kurzzeitig. Ohne dass ich es will, fällt mir die Beschreibung einer Wegstrecke ein, die ich am Anfang meiner Planung zu dieser Deutschlandtour vor zwei Jahren in einer Fachzeitschrift gelesen hatte. Danach musste ich mich hier in dieser Gegend, auf den längsten Anstieg meiner ganzen Tour einstellen.

Dieser Berg muss es sein, den ich gerade hochstrample. Weit und breit ist er die höchste Erhebung. Nicht ohne Grund wird der an höchster Stelle gelegene Ort dieser Gegend den Namen

Mittelberg erhalten haben. In der besagten Fachzeitschrift war zwar die Anfahrt von Süden beschrieben, aber das ist mir jetzt egal, denn so oder so muss ich hoch und kann mich, dort oben erstmal angekommen, auf eine rasante Abfahrt nach Süden freuen. Diese Aussicht tröstet mich und gibt mir neue Zuversicht.

Und tatsächlich habe ich es endlich geschafft. Wenn doch nur dieses scheußliche Wetter nicht wäre. Zu gerne hätte ich mich jetzt hier oben mit einer schönen Aussicht belohnt. Aber es soll heute nicht sein.

Ich belohne mich und meinen persönlichen Höhenrekord auf dieser Reise, indem ich mein Navi auf die Anzeige des Höhenprofils umschalte. Danach befinde ich mich hier im schwäbischen Landkreis Oberallgäu in einer Höhe von 987 Meter über Normal Null (NN des Meeresspiegels). Es verrät mir auch, dass ich heute 413 Meter hoch gestrampelt bin. Ich bin bewegt und stolz. Später lese ich, dass ich bei Oy-Mittelberg die mit 1000 Meter höchste Stelle meiner Tour erreicht hatte. Die Pfarrkirche St. Michael in Mittelberg steht auf 1036 m über NN und ist damit einer der höchstgelegenen Pfarrkirchen im Allgäu.

Sehnsüchtig erwartet beginnt hier die interessante Abfahrt. Sie ist sehr lang und berauschend. Mein Tacho zeigt 50 Km/Stunde an, eine in einem modernen Mittelklassewagen kaum spürbare Geschwindigkeit. Ganz anders auf dem Fahrrad, auf dem man erst das wahre Gefühl für diese Geschwindigkeit bekommt.

Dieses hohe Tempo mit viel Gepäck am Rad ist aber auch nicht ungefährlich. Ein Sturz, aus welchen Gründen auch immer, kann böse Folgen nach sich ziehen und wäre jetzt so kurz vor meinem Ziel fatal.

Von Oy-Mittelberg Richtung Immenstadt geht´s überwiegend abwärts. Dennoch bleiben mir beim Fahren durch diese schöne Voralpenlandschaft weitere Kraftanstrengungen nicht erspart. Es erwarten mich noch viele „Berge", die sich mir in den Weg stellen und ein schnelles Erreichen meines Ziels unbedingt verhindern wollen. Ich beginne sie zu hassen, diese unendlich langen, kräftezehrenden Aufstiege.

Kurz vor dem Ort Kranzegg entdecke ich ein Hinweisschild auf einen Gasthof, den ich in Kürze zu erwarten habe.

Nach ca. 100-200 Metern erreiche ich ein Gebäude, in dem ich den Gasthof vermute. Vor dem Haus stehen ca. 10-12 PKW und Essensduft zieht in meine Nase.

Um mein Fahrrad vom Gastraum aus im Blick zu haben, stelle ich es vor dem Fenster des Hauses ab, ziehe meine Handschuhe aus, knöpfe meine Jacke auf und nehme meinen Helm ab. Gerade als ich mein Fahrrad mit dem Drahtbügelschloss sichern will, höre ich von innen durch das geschlossene Fenster Gelächter und anschließend unter lautem Lachen jemand rufen höre: „und jetzt schließt er auch noch sein Fahrrad ab". Hatte ich etwas falsch gemacht? Ist es in Bayern unüblich oder vielleicht wegen einer im Vergleich zum „restlichen" Deutschland geringeren Kriminalität nicht erforderlich, ja sogar lachhaft, sein Rad abzuschließen? Ich ignoriere das Gelächter und die Bemerkungen, führe sie auf den Alkoholkonsum der Gäste dieses Hauses zurück und begebe mich zur Eingangstür.

Als ich sie öffne, und den Raum betrete, sehe ich ca. 20 Augenpaare auf mich gerichtet. Auch bemerke ich, dass alle Tische besetzt sind, als ich mich nach einem freien Platz umschaue. „Können wir Ihnen helfen?", fragt mich eine junge Frau, und ich antworte: „wenn Sie einen Platz für mich haben?"

Ein Mann aus der Gruppe, von dem ich den Eindruck habe, dass er am wenigsten getrunken hat, erhebt sich von seinem Stuhl und erklärt mir, dass dies kein Gasthof sei, sondern eine Hütte, die von dieser Gruppe angemietet wurde. In diesem Moment bin ich so verdattert, dass ich mich wegen meiner vermeintlichen Störung entschuldige, noch einen schönen Tag wünsche und mich zur Ausgangstür begebe.

Ich muss wohl sehr hungrig, durchgefroren und bemitleidenswert ausgesehen haben, denn ein Mann aus der Gruppe folgt mir, entschuldigt sich für das Verhalten der Gruppe und erklärt mir den Weg zum nächsten Gasthaus. Nachdem ich aber erst einmal wieder auf dem Fahrrad sitze, will ich nicht schon nach kurzer Wegstrecke wieder absteigen und fahre weiter.

In der Ortsmitte angekommen, treffe ich auf eine Gruppe von 6 Radwanderern. Sie stehen bei einem Unterstand und stärken sich vor ihrem Aufstieg nach Oy-Mittelberg. Die Männer kommen aus Buchholz in der Nordheide und fahren den Bodensee-Königsee-Radweg in entgegengesetzter Richtung.

Wir unterhalten uns über unsere Touren und Erlebnisse und ich erzähle ihnen, was sie in der nächsten halben bis dreiviertel Stunde bei ihrem Aufstieg zu erwarten hätten. Da kommt Freude auf bei den Flachlandtirolern aus der Nordheide.

Im nächsten Gasthof kehre ich ein und bestelle mir einen gebratenen Leberkäse mit Spiegelei und Bratkartoffeln. Dazu gibt's ein großes Helles. Als ich wieder auf dem Fahrrad sitze, ist es bereits 15:00 Uhr. Es geht weiter bergauf und bergab. Der Regen wird wieder stärker und ich ziehe erneut die Gamaschen über die Schuhe.

So schwer die Berganstiege für mich sind, so faszinierend sind die sehr langen Abfahrten bei hohem Tempo. Ich erreiche Rettenberg, das südlichste Brauereidorf Deutschlands. Hier dreht sich alles um das Bier. Zwei große Brauereien im Ort bieten hier Bierseminare an. Zeit müsste man haben.

Wenig später bin ich in Immenstadt und entschließe mich für die Weiterfahrt bis Oberstdorf. Ich will endlich ankommen. Ich bin jetzt 14 Tage unterwegs und ich spüre, wie meine Motivation nachlässt, umso näher ich meinem Ziel bin.

Du hast Deine Belastungsgrenze noch lange nicht erreicht, rede ich mir ein und bestätige mir selbst diese Feststellung. Es ist unglaublich, welche Belastungen ein gesunder Mensch aushalten kann, wenn er nur will. Diese Erfahrung hatte ich schon als junger Soldat bei der Bundeswehr gemacht. Seinerzeit hatte man es in den verschiedenen Ausbildungsabschnitten zum Reserveoffizier mehrmals versucht, meine Kameraden und mich an unsere körperlichen Leistungsgrenzen heranzuführen. Die Erlebnisse und Erfahrungen dieser Zeit sind in mir als wichtige Lebenserfahrung abgespeichert und haben schon oftmals mein Denken und Handeln bestimmt, so auch auf dieser Tour.

In Immenstadt verlasse ich den „Bodensee-Königsee-Radweg" und fahre jetzt auf dem „Iller-Radweg" weiter Richtung Oberstdorf. Bis Sonthofen, der südlichsten Stadt Deutschlands, ist es nicht weit. Es geht talaufwärts, immer der Iller entlang.

Sonthofen selbst streife ich nur und werfe vom Radweg aus einen Blick auf die 1935 errichtete Ordensburg, die im s. g. „Dritten Reich" den Nationalsozialisten als „Adolf-Hitler-Schule" diente und heute als „Generaloberst-Beck-Kaserne" von der Bundeswehr genutzt wird.

Ich befinde mich in einer sehr schönen Gegend des Allgäus. Zum Bodensee sind es nur 40, nach München 120 Km. Gerne hätte ich hier an der Iller noch länger verweilt, aber das schlechte Wetter hält mich von diesem Vorhaben ab.

Später lese ich, dass in Immenstadt wiederkehrend extrem hohe Jahresniederschlagswerte gemessen werden. Mit durchschnittlich 1916 mm sind es die höchsten aller Werte, die der Deutsche Wetterdienst über seine Messstellen erfasst.

Unterhalb der Ordensburg in Sonthofen sehe ich in der Ferne die Wohnanlage, in der mein ehemaliger Kollege Jürgen seine schnuckelige Eigentumswohnung hat. Jürgen hatte mir diese vor einigen Jahren im Anschluss an eine Dienstreise nach Sonthofen für einige Tage zur Verfügung gestellt. Seinerzeit hatten wir bestes Wetter, als Ute und ich das schöne Oberallgäu mit seiner wunderschönen Landschaft von seiner besten Seite kennenlernten.

Der weitere Weg nach Oberstdorf scheint kein Ende zu nehmen. Der Radweg hier bietet keine große Abwechslung und verstärkt das Gefühl, nicht voran zu kommen. Aber es geht weiter, die Iller im fest im Blick. Vom vielen Regen gut gespeist fließt sie mit hoher Geschwindigkeit der Donau entgegen.

Ich erreiche Fischen, den Urlaubsort unserer Freunde aus Bonn-Röttgen, die hier fast in jedem Winter einige Tage Urlaub machen und auf ihren Langlaufskiern unterwegs sind. Oberstdorf kann nun nicht mehr weit sein.

Am „Illerursprung" lege ich eine kleine Pause ein und mache einige Fotos von der dort stehenden Skulptur. Die drei schwimmenden Nixen stellen die Flüsse Wertach, Stillach und Trettach dar, die hier zusammenfließen und als Iller weiterfließen.

Wieder auf dem Fahrrad, denke ich noch einmal darüber nach, wieviel Flüsse und Kanäle ich auf meiner Tour von Nord nach Süd schon gesehen, begleitet oder überquert habe, wieviel Mittelgebirge, Landkreise, Städte und Dörfer ich kennengelernt, durchfahren oder berührt habe, in welchen

Bundesländern ich geradelt bin, deren Grenzen überquert habe, wieviel Menschen ich getroffen und gute Gespräche geführt habe.

In diesem Moment wird mir bewusst, dass ich, wenn ich wieder zuhause bin, etwas aufzuarbeiten habe. In weiser Voraussicht habe ich auf dieser Tour tagebuchähnliche Kurznotizen gemacht. Wie schnell sind Eindrücke verflogen und damit schöne Erlebnisse für alle Zeiten dahin. Ich will aber die Erinnerung an diese Tour wachhalten und werde einen Reisebericht schreiben. Vielleicht sollte ich auch ein Buch daraus machen? Aber wer würde sich dafür schon interessieren?

Die Beschaffenheit des Radweges erschwert es mir, weitere Details meiner bisherigen Erlebnisse aus meinem Gedächtnis abzurufen, um mich abzulenken. Auf den letzten Kilometern muss ich mich konzentrieren. Nur nicht jetzt noch stürzen oder eine Panne riskieren. Physis und Psyche spielen bei einer solchen Tour eine nicht unerhebliche Rolle. Auf den letzten Metern fühle ich mich wie ein Getriebener, wie ein Marathonläufer, der nach 42 Kilometern kurz vor dem Ziel nur noch wenige Meter zu laufen hat.

Während mir diese Gedanken noch durch den Kopf gehen, habe ich Oberstdorf, die südlichste Gemeinde Deutschlands und das Ziel meiner Tour schon längst erreicht. Beinahe hätte ich auch das

Schild zum Bahnhof übersehen. Dorthin will ich zuallererst, um mir eine Fahrkarte für den nächsten Tag zu kaufen. Mir erscheint es zweckmäßig, das Rückfahrtticket nach Hause schon jetzt zu buchen. Man weiß nie, was am Tag der Rückreise alles dazwischenkommt. In Kornau will ich meinen Erfolg „feiern" und den letzten Abend unbeschwert genießen. Hierzu ist es für mich wichtig zu wissen, dass ich die Weichen für meine Rückfahrt schon gestellt habe. Mit dem Ticket in der Tasche schläft es sich auch besser.

Auch will ich mir vor meiner Weiterfahrt zur Jugendherberge noch eine Pause gönnen. Vor mir liegt noch ein anstrengender Weg und für diesen benötige ich frische Kräfte.

Am Servicepoint des Bahnhofs herrscht reger Betrieb. Ich habe den Eindruck, dass viele Urlauber wegen des schlechten Wetters vorzeitig abreisen.

Oberstdorf lebt vom Tourismus. Er ist mit 2,4 Millionen Übernachtungen pro Jahr ein wichtiger Wirtschaftsfaktor. Im Winter lockt dieser als schneesicher geltende Wintersportplatz mit seinen gepflegten Abfahrtspisten und Langlaufloipen und mit der über die über die Grenzen Deutschlands hinaus bekannten Skiflugschanze Tausende von Touristen an. Im Sommer gelten die vielen Wanderwege und Ausflugsmöglichkeiten, insbesondere aber die Breitachklamm als Tourismus-magnet.

Jetzt aber habe ich hier im Bahnhof den Eindruck, dass viele Gäste nur eins wollen – nach Hause. Ich reihe mich in die Schlange der Reisenden ein und warte geduldig, bis ich von einer freundlichen Bahnmitarbeiterin bedient werde. Sie gibt sich alle Mühe, für mich eine Zugverbindung herauszusuchen, bei der ich möglichst wenig umsteigen muss. Das ist gar nicht so einfach, denn ich benötige für mein Fahrrad eine Platzreservierung.

Wie sich herausstellt, sind in dem Zug um 09:15 Uhr schon alle Plätze reserviert und ich muss einen späteren Zug nehmen. Wieder ist das Glück auf meiner Seite, als ich den letzten freien Fahrradplatz bekomme. Auch bei der Suche nach preislichen Alternativen bleibt die Bahnmitarbeiterin sehr freundlich, obwohl die Schlange der hinter mir Wartenden immer länger wird.

Das „Quer durchs Land-Ticket", das ich im letzten Jahr noch in Anspruch nehmen konnte, gibt es nicht mehr und das so genannte „Länderticket" rechnet sich nicht für mich. So muss ich für die Fahrt nach Meckenheim leider eine normale Einzelfahrt buchen und für meine Fahrt in der 2. Klasse zusammen mit meinem Fahrrad 103,50 € bezahlen.

Ich bedanke mich bei der sehr netten Bahnmitarbeiterin für diese kompetente Dienstleistung und verabschiede mich von ihr mit meinem freundlichsten Lächeln.

Es war also goldrichtig, nach meiner Ankunft in Oberstdorf zunächst den Bahnhof anzusteuern und erst danach in der Jugendherberge nach einem freien Bett zu fragen.

Mit der Fahrkarte in der Tasche mache ich mich auf den Weg nach Kornau, einem auf 915 Meter Höhe gelegenen Ortsteil von Oberstdorf. Zum letzten Mal auf dieser langen Reise von Nord nach Süd kommt mein Navi noch einmal zum Einsatz. Er gibt sich große Mühe, mir den Weg zur Jugendherberge zu zeigen.

Auf den letzten 2-3 Kilometern geht es steil bergauf, und ich muss mein Fahrrad schieben. Wenn ich jetzt kein Zimmer bekomme, war alle Schinderei umsonst, geht es mir durch den Kopf. Ich bin restlos geschafft, als ich endlich die DJH erreiche, und das nicht nur wegen der letzten 3 Kilometer. Ein Blick auf meinen Tacho verrät, dass ich heute 81 Km gefahren bin, und das bei diesem fordernden Höhenprofil und dem schlechten Wetter. Heilfroh und sehr dankbar bin ich, noch ein freies Zimmer zu bekommen. Was für ein Glück ich habe und hatte auf dieser Tour.

Alles geht jetzt sehr schnell. Nachdem ich das Gepäck in mein Zimmer gebracht, und mein Fahrrad im Ski-/Radkeller abgestellt habe, lasse ich im Zimmer erst einmal alles stehen und liegen und springe unter die heiße Dusche. Danach geht´s zum Essen in das ca. 200 Meter entfernt liegende „Hotel Oberstdorf". Runter in die Stadt will ich heute auf keinen Fall mehr.

Das Hotel ist sehr stimmungsvoll eingerichtet. Die anwesenden Gäste sind ausschließlich Busreisende. Essen gibt es vom Buffet. Es ist reichlich und gut. Als Externer zahle ich zusammen mit zwei Gläsern Bier 31,00 €. Anschließend genehmige ich mir zur Feier des Tages noch ein Glas Rotwein für 4,60 €.

Als ich zur DJH zurückkehre zeigt die Uhr 22:40 Uhr. Alle Türen sind schon verschlossen. Habe ich nicht richtig hingehört, als mir beim Einchecken von der Heimleitung die Zeit genannt wurde, zu der die Herberge schließen würde? Ich war mir sicher gehört zu haben: 22:00 Uhr Nachtruhe, bis 23:00 Uhr geöffnet. Erst danach müsste man die mit dem elektrischen Türöffner ausgerüstete Tür benutzen und hierzu einen Zahlencode eingeben. Weil ich aber von vorn-herein nicht vorhatte, erst nach 23:00 Uhr zur DJH zurückzukehren, verzichtete ich auf die Mitnahme dieses Codes.

Was soll ich jetzt tun? Weit und breit ist keine Menschenseele zu sehen. Ich schleiche um das

Gebäude herum und habe Glück. Im Leseraum brennt noch Licht. Dort sitzen zwei Personen und lesen. Nach mehrmaligem lautem Klopfen an der Fensterscheibe kann ich mich bemerkbar machen und um Einlass bitten. Das ist gerade noch mal gutgegangen.

Tagesleistung Füssen – Oberstdorf:
81 Km, 06 Sunden, 05 Minuten.

Abschied von Vertrautem

Es ist der Tag meiner Abreise. Nach meinem Aufstehen regnet es noch stärker als an den Vortagen. Für mich wird es unter diesen Umständen höchste Zeit, nach Hause zu fahren. Den ursprünglich angedachten Abstecher zum Tegernsee, um Ute dort zu besuchen, hatte ich wegen des schlechten Wetters schon vor Tagen verworfen. Ute wird hierfür Verständnis haben.

Jetzt aber nur keine Hektik. Es ist noch früh am Morgen und mein Zug geht erst um 11:45 Uhr. Ich habe alle Zeit der Welt und kann in Ruhe frühstücken.

Das schlechte Wetter scheint jetzt Dauerzustand zu werden. Von den Bergen rund um Oberstdorf, dem 2224 m hohen Nebelhorn und dem 2038 m hohen Fellhorn ist nichts zu sehen. Schade, dass ich am letzten Tag noch meine vollständige Regenbekleidung, einschließlich der Gamaschen anziehen muss. Jetzt hilft kein Jammern, denn ich muss von Kornau aus noch zum Bahnhof fahren.

Ich bin schon froh, auf dem Weg dorthin nur bergab fahren zu dürfen. Über die gesamte Strecke, die ich gestern mühsam hochschieben musste, geht es nun in rasanter Fahrt hinunter.

Am Bahnhof kaufe ich mir die Süddeutsche Zeitung und lese mit Interesse die Kommentare zum Rücktritt des Bundespräsidenten und zu den vielen Problemen, die unsere Kanzlerin derzeit auf dem Tisch liegen hat.

Später steige ich in aller Ruhe in den schon bereitstehenden Zug nach Ulm und mache es mir in meinem Abteil gemütlich. Ich genieße es, gefahren zu werden und habe keinen Blick für die an mir vorbeiziehende Landschaft, über die aus tiefhängenden Wolken der Regen fällt. Bei diesem Wetter gibt es ohnehin nicht viel zu sehen.

Bis Ulm habe ich jetzt erst einmal zwei Stunden Zeit zum Lesen und zum Entspannen. In Gedanken ziehen die Highlights meiner Radtour noch einmal an mir vorbei. Ich freue mich, es geschafft zu haben und spüre ein Gefühl von Dankbarkeit, dass ich diese Tour machen durfte und ohne Blessuren oder Schaden für meine Gesundheit zu Ende führen konnte.

In Ulm bleiben mir 11 Minuten zum Umsteigen. Was für ein Stress. Zuallererst trage ich mein Fahrrad aus dem Abteil und stelle es auf den Bahnsteig. Anschließend bringe ich in zwei Arbeitsschritten das Gepäck hinterher und befestige es wieder am Rahmen. Dann schiebe ich mein Gefährt zunächst vorsichtig und mit sanfter Gewalt drängelnd an den scheinbar unendlich viel Zeit habenden Reisenden vorbei.

Ich muss mich beeilen und haste jetzt mit schnelleren Schritten, soweit dies überhaupt möglich ist, über den Bahnsteig und an dessen Ende die Treppe hoch. Ich bin schon fast oben, als mir Zweifel kommen. Oh Gott, oh Gott, bin ich hier überhaupt richtig? Es soll doch der Bahnsteig 4 sein?

Nur Mut zum Risiko und weiter, sage ich leise zu mir, während die dahinschleichenden Fahrgäste ein rasches Vorankommen unmöglich machen.

Am Bahnsteig 4 muss das Gepäck wieder vom Fahrrad genommen und in das richtige Abteil des schon wartenden Zuges gebracht werden. Aber wo ist mein Abteil? Ich habe keinen Wagenstandanzeiger entdeckt und kann wegen der knapp bemessenen Zeit auch nicht mehr lange suchen.

Zunächst laufe ich in die verkehrte Richtung. Ich muss umkehren und haste den ganzen Zug entlang zurück. Endlich bin ich richtig und schleppe das Gepäck in das Abteil. Zuallerletzt hole ich mein Fahrrad nach, bevor ich erschöpft und tief durchatmend auf meinem Sitzplatz niedersinke.

Bis zum Abfahrtspfiff des Zugbegleiters sind es nur noch wenige Sekunden. Ich habe es geschafft, aber dieser Stress macht nun wahrlich keinen Spaß mehr.

Endlich kehrt Ruhe ein. Doch dann schießt es mir durch den Kopf. Hast Du in dieser Hektik auch nichts übersehen oder vergessen, vielleicht etwas auf dem Bahnsteig liegen gelassen? Nee, nee, das sind Momente, auf die ich gut verzichten könnte, aber nicht kann, weil sie in solchen Situationen nicht mehr beeinflussbar sind, es sei denn, ich würde den Zug sausen lassen und den nächsten nehmen, was durchaus vernünftiger wäre. Aber will man das? Es ist doch auch schon alles gebucht und der Fahrradplatz reserviert. Dann doch lieber ganz auf die Bahn verzichten und in aller Ruhe auf dem Fahrrad seinem Ziel entgegenfahren und das Tempo selbst bestimmen.

Als ich meinen Heimatort Meckenheim erreiche, schiebe ich mein Fahrrad, ohne auch nur noch einen Handschlag daran zu machen, in die Garage. Auch die Gepäcktaschen räume ich nicht mehr aus. Ich lasse sie einfach am Rad hängen, sehne mich nur noch nach Ruhe und gehe heute ganz früh schlafen.

Am nächsten Morgen scheint die Sonne, und die Welt ist für mich wieder in Ordnung. Doch bald schon stellt sich ein seltsames Gefühl ein. Es ist eine Mischung aus der Vorstellung, einen Film gesehen, in diesem teilweise auch mitgespielt zu haben und dem Gefühl, etwas Großartiges und noch nicht Abgeschlossenes, erlebt zu haben. Ist dies möglicherweise ein Zeichen für den Beginn eines neuen Abenteuers?

Gesamtfahrleistung:
Von der Ostsee bis zu den Alpen:
1.687 Km in 22 Tagen (ohne Ruhetage)

Zum Buch

Der Autor nimmt den Leser mit auf seine ungewöhnliche Reise von Nord nach Süd und lässt ihn teilhaben an seinen Erlebnissen. Der Leser „erfährt" Deutschland auf dem Fahrrad mit den Augen eines rüstigen Pensionärs zu Bedingungen, wie der Autor sie gerne schon als Jugendlicher erlebt hätte.

Das Buch wurde zwischenzeitlich durch eine zweibändige Bild- und Grafikdokumentation ergänzt.

ISBN 978-3-7375-6990-3 (Teil I)
ISBN-978-3-7375-6995-8 (Teil II)

Zum Autor

Karl-Heinz Hapke wurde in Travemünde an der Ostsee geboren. Was lag da näher als der Wunsch, Kapitän auf Großer Fahrt zu werden. Doch statt Tanker, Frachtschiffe, oder Kreuzfahrtschiffe um die Welt zu navigieren, erlernte er zunächst einen technischen Beruf, wurde Reserveoffizier, verließ nach dem Studium und beruflicher Verwendung im Kieler Raum die Küste und zog ins Rheinland nach Bonn. Dort war er 34 Jahre als höherer Beamter in einem Bundesministerium tätig. Seine Traumschiffe sind Hochseeyachten, mit denen er seit vielen Jahren als Skipper und Ausbilder über die Meere segelt. Als „Jungautor im Rentenalter", wie er sich selbstironisch bezeichnet, hat er sich auf der Suche nach einem weiteren sinnvollen Hobby zur Aufgabe gemacht, seine Erinnerungen und Erfahrungen aus über siebzig Lebensjahren zu Papier zu bringen und für den interessierten Leser in Buchform zu veröffentlichen.

Mit seinem zweiten Buch wendet sich der Autor seiner Leidenschaft, dem Hochseesegeln zu. In

„*Ungebremst unter Segeln –*
barfuß über den Atlantik"
(ISBN 978-3-7375-3166-5)

beschreibt er die Vorbereitungen und Eindrücke eines Hochseetörns, und was ihn bewogen hat, in einem Jahr, für das Klimaforscher und Wetterexperten eine ungewöhnliche Häufung von Tropischen Wirbelstürmen und Hurrikans prognostiziert hatten, freiwillig und mit einer ihm unbekannten Crew in der Vorweihnachtszeit über den Atlantik zu segeln.

In seinem dritten Buch ist er wieder auf dem Fahrrad unterwegs und schildert in

„Ungebremst vom Rennsteig zur Weser"
(ISBN 978-3-7412-7265-3)

seine im Tal der Weser gewonnenen Eindrücke, die er mit über 60 Fotos und Grafiken dokumentiert. Eindrucksvoll wird Sehenswertes, (Zeit)-geschichtliches und Nachdenkliches beschrieben, und ein Landstrich im Grenzbereich zwischen Thüringen und Hessen vorgestellt, der viele Jahrzehnte mit dem Fahrrad nicht bereist werden konnte.

In seinem vierten Buch

„Von Schleswig nach Laboe"
(ISBN 978-3-7448-5565-5)

wird der Leser auf eine Radreise durch den nördlichen Teil unseres Landes mitgenommen. Hier eine Einstimmung auf dieses Buch:

„Urlaub im östlichen Hügelland Schleswig-Holsteins ist nicht nur Wind im Gesicht, frische Luft und der Geruch des Meeres. Es ist der Dreiklang, die Harmonie zwischen Landschaft, Wasser und Himmel, der den Naturpark Hüttener Berge, die Schleiregion und die Ostseeküste zwischen Flensburg und Lübeck zu einem beliebten Urlaubsgebiet macht. Historische Städte, hübsche Dörfer, Feldsteinkirchen, Windmühlen, Felder, Alleen, Güter und Herrenhäuser sowie attraktive Kulturangebote, Sport-, und Erlebnismöglichkeiten bilden einen reizvollen Kontrast zu den Stränden und garantieren einen erholsamen Urlaub. Schleswig-Holstein ist "Glückswachstums-gebiet" und durch seine elementaren Besonderheiten - Natürlichkeit, Emotionalität und echtes Wetter - dazu bestimmt, das ganze Jahr über Glückserlebnisse in besonderem Maße zu fördern und für den Menschen erlebbar zu machen. Doch was ist Glück? Die Suche nach ihm ist das zentrale Motiv der menschlichen Natur. Wahres Glück muss man sich erarbeiten - in der Auseinandersetzung mit dem echten Wetter, der echten Natur, den echten Menschen, dem echten Norden. Um Glück zu erleben, sollte man es "erwandern" oder wie die fünf Radlerfreunde es gemacht haben, diesen

schönen Landstrich im Herzen Schleswig-Holsteins auf zwei Rädern „erfahren". Ihre in der Stadt Schleswig begonnene Fahrradtour führt sie durch die schönsten Regionen des Landes, dessen Geschichte und Kultur ihnen auf ihrer Fahrt entlang der Schlei und der Ostseeküste anschaulich vermittelt wird."